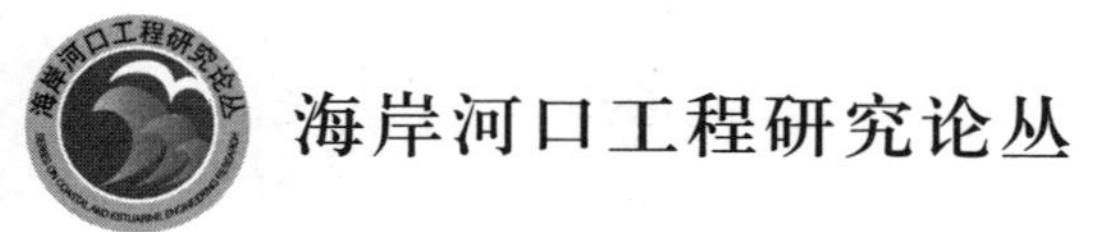

莱州湾
建港水沙条件

刘 涛 刘国亭 著

SEDIMENT AND
HYDRODYNAMIC ENVIRONMENT OF
LAIZHOU BAY PORT CONSTRUCTION

人民交通出版社股份有限公司
China Communications Press Co.,Ltd.

内 容 提 要

本书是《海岸河口工程研究论丛》中的一本，在历史文献资料分析的基础上，结合本单位对莱州湾内港口的研究工作，介绍了莱州湾的水动力情况及泥沙环境，论述了莱州湾建港的特殊性，并结合莱州湾内典型港口的建设对莱州湾建港的水沙条件进行了论述。

本书可供从事海岸河口水动力泥沙研究的工作人员使用，也可供港口海岸及近海工程专业的高校学生学习参考。

图书在版编目（CIP）数据

莱州湾建港水沙条件 / 刘涛，刘国亭著. — 北京：人民交通出版社股份有限公司，2017.11

（海岸河口工程研究论丛）

ISBN 978-7-114-14193-5

Ⅰ. ①莱…　Ⅱ. ①刘…　②刘…　Ⅲ. ①港口建设—含沙量—研究—山东　Ⅳ. ①U65

中国版本图书馆 CIP 数据核字（2017）第 225451 号

海岸河口工程研究论丛

书　　名：莱州湾建港水沙条件

著 作 者：刘　涛　刘国亭

责任编辑：崔　建　朱明周

出版发行：人民交通出版社股份有限公司

地　　址：（100011）北京市朝阳区安定门外外馆斜街 3 号

网　　址：http://www.ccpress.com.cn

销售电话：（010）59757973

总 经 销：人民交通出版社股份有限公司发行部

经　　销：各地新华书店

印　　刷：北京市密东印刷有限公司

开　　本：720 × 960　1/16

印　　张：9.5

字　　数：162 千

版　　次：2017 年 11 月　第 1 版

印　　次：2017 年 11 月　第 1 次印刷

书　　号：ISBN 978-7-114-14193-5

定　　价：40.00 元

序

海岸、河口是陆海相互作用的集中地带，自然资源丰富，是经济发达、人口集居之地。以我国为例，我国大陆海岸线北起辽宁省的鸭绿江口，南至广西的北仑河口，全长18000km；我国海岸带有大大小小的入海河流1500 余条，入海河流径流量占全国河川径流总量的69.8%，其中流域面积广、径流大的河流主要有长江、黄河、珠江、钱塘江、瓯江等。海岸河口地区居住着全国40%左右的人口，创造了全国60%左右的国民经济产值，长三角、珠三角、环渤海等海岸河口地区是我国经济最为发达的地区，是我国的经济引擎。

人类在海岸河口地区从事经济开发的生产活动涉及很多的海岸河口工程，如建设港口、开挖航道、修建防波堤、围海造陆、保护滩涂、治理河口、建设人工岛、修建跨(河)海大桥、建造滨海火电厂和核电厂等等，为了使其经济、合理、可行，必须要对环境水动力泥沙条件有一详细的了解、研究和论证。人类与海岸河口工程打交道是永恒的主题和使命。

交通运输部天津水运工程科学研究院海岸河口工程研究中心的前身是天津港回淤研究站，是专门从事海岸河口工程水动力泥沙研究的专业研究队伍。致力于为港口航道(水运工程) 建设和其他海岸河口工程等提供优质的技术咨询服务，多年来，海岸河口工程研究中心科研人员的足迹遍布我国大江南北及亚洲的印尼、马来西亚、菲律宾、缅甸、越南、柬埔寨、伊朗和非洲的几内亚等国家，研究范围基本覆盖了我国海岸线上大中型港口及各种海岸河口工程及亚洲、非洲一些国家的海岸河口工程，承担了许多国家重大科技攻关项目和863项目，多项成果达到国际先进水平和国际领先水平并获国家及省部级科技进步奖。海岸河口工程研究中心对淤泥质海岸泥沙运动规律、粉沙质海岸泥沙运动规律和沙质海岸泥沙运动规律有深刻的认识，在淤泥质海岸适航水深应用技术、水动力泥沙模拟技术、悬沙及浅滩出露面积卫星遥感分析技术等方面无论在理论上还是在实践经验上均有很高的水平和独到的见解。中心的一代代专家们为大型的复杂的项目上给出正确的技术论证和指导，使经优化论证的工程方案得以实施。如珠江口伶仃洋航道选线研究、上海洋山港选址及方案论证研究、河北黄骅港的治理研究、江苏如东辐射沙洲西太阳沙人工岛可行性及建设方案论证、瓯江口温州浅滩围涂工程可行性研究、港珠澳大桥对珠江口港口航道影响研究论证、天津港各阶段建设回淤研究、田湾核电站取排水工程研究等等，事实证明这些工程是成功的。在积累的成熟技术基础上，主编了《淤泥质海港适航水深应用技术规范》、《海岸与河口潮流泥沙模拟技术规程》、《海港水文规范》泥沙章节，参编了《海港总体设计规范》和《核电厂海工构筑物设计规范》等。

本论丛是交通运输部天津水运工程科学研究所海岸河口工程研究中心老一辈少一辈专家学者多年来的水动力泥沙理论研究成果、实用技术和实践经验的总结，内容丰富、水平先进、科学性强、技术实用、经验珍贵，涵盖了水动力泥沙理论研究，物理数学模型试验模拟技术研究，水沙研究新技术、水运工程建设、河口治理、人工岛开发建设实例介绍等海岸河口工程研究的方方面面，对从事本行业的技术人员学习和拓展思路具有很好的参考价值，是海岸河口工程研究领域的宝贵财富。

本人在交通运输部天津水运工程科学研究院工作20年(1990~2009年),曾经是海岸河口工程研究中心的一员,我深得老一代专家的指导,同辈人的鼓励和青年人的支持,我深得严谨治学、求真务实氛围的熏陶、留恋之情与日俱增。今天,非常乐见同事们把他们丰富的研究成果、实践经验、成功的工程范例著书发表,分享给广大读者。相信本论丛的出版将会进一步丰富海岸河口水动力泥沙学科内容,对提高水动力泥沙研究水平,促使海岸河口工程研究再上新台阶有推动作用。希望海岸河口工程研究中心的专家们有更多的成果出版发行,使本论丛的内容越来越丰富,也使广大读者能大受裨益。

赵冲久

2012年11月

前　言

渤海是一个近封闭的内海，地处中国大陆东部北端，它一面紧邻黄海，三面环陆，北、西、南三面分别与辽宁、河北、山东和天津三省一市毗邻，东面经渤海海峡与黄海相通，辽东半岛和山东半岛犹如伸出的双臂将其合抱，构成首都北京的海上门户。渤海海区有三个主要海湾：北面的辽东湾，西面的渤海湾，南面的莱州湾。本书所介绍的莱州湾即位于山东半岛西北、渤海南部的渤海三大海湾之一。

莱州湾海岸线长度居山东海湾之冠，同时莱州湾沿岸自西向东有黄河、支脉河、小清河、塌河、弥河、白浪河、虞河、潍河、胶莱河、沙河、界河等十余条较大河流注入，河流堆积显著。特别是黄河泥沙的大量携入，使得海底堆积迅速，浅滩变宽，海水渐浅，湾口距离不断缩短。

莱州湾水沙条件的特殊性不仅在于有诸多河流及世界著名输沙河流——黄河的注入，也在于其特殊的地理位置。如莱州湾地处内海一侧，处于半封闭状态，春、秋季受温带季风的强烈影响，由于风区很长，使莱州湾成为世界上风暴潮最为频发的区域之一；再加之莱州湾水深较浅，平均水深仅8m左右。各种因素的综合作用使得莱州湾具有独特的建港水沙条件。

本书第一章首先对莱州湾地理位置及海岸河流进行了简单介绍；第二章介绍了莱州湾的水动力情况，包括潮汐、潮流、风浪等；第三章从底质分布、悬沙情况、泥沙运移等方面描述了莱州湾的泥沙环境；第四章介绍了莱州湾岸滩演变等；第五章对莱州湾海冰情况进行了分析;第六章介绍了莱州湾建港的特殊性;第七章通过潍坊港中港区及东营港广利港区的建设对莱州湾建港思路的启迪、建港时遇到的水沙问题及解决方案进行了论述,为湾内其他港口建设提供参考。

本书在编写过程中,得到交通运输部天津水运科学研究院海岸河口中心同事的很多帮助,在此表示由衷的感谢。

由于作者水平有限,加之泥沙问题的复杂性,书中内容不免存在谬误及疏漏之处,敬请读者不吝赐教。

作者

2017 年 9 月于天津塘沽

目　录

1 概　　述

莱州湾位于山东半岛西北，渤海南部，为渤海三大海湾之一，是受郯（城）—庐（江）大断裂带控制、由断块凹陷而形成的北北东向的海湾。根据《中国海湾志》对海湾的划分，莱州湾湾口西起现代黄河新入海口（N 37°39′，E 119°16.6′），东迄屺姆岛高角（N 37°41′，E 120°13′），宽 96km，见图 1.1。

图 1.1　莱州湾形势图

莱州湾海岸线全长 319.06km，海域面积 6966.93km^2，居山东海湾之冠，莱州湾平均水深 8m 左右，远小于渤海平均水深，为渤海平均水深最小处。

莱州湾河流堆积显著，沿岸形成宽阔沼泽、盐碱滩地，其中潮滩和海滩面积达 800km^2 以上。由于沿岸河流特别是黄河泥沙的大量携入，海底堆积迅速，浅滩变宽，海水渐浅，湾口距离不断缩短。莱州湾沿岸西向东有黄河、支脉河、小清河、塌河、弥河、白浪河、虞河、潍河、胶莱河、沙河、界河等十余条较大河流注入，沿岸 90% 的土地为冲积平原。海底地形单调平缓，由于河流泥沙堆积，大部分水深在 10m 以内，最大水深出现在海湾东北部屺姆岛高角外。

莱州湾海岸属平原海岸，岸线顺直，多沙土浅滩。莱州湾东岸以屺姆角—虎头崖为界，属海成堆积沙岸，发育了滩脊、连岛坝和泻湖，湾东岸北侧为屺姆岛和岛后连陆的沙嘴沙坝，东为烟台港龙口港区；西岸以羊角沟口—老黄河口为界，是现代黄河三角洲堆积沙岸，浅滩宽广平缓；南岸湾顶（虎头崖—羊角沟口）为粉砂淤泥质堆积海岸，其中小清河至沙河为粉砂淤泥质海岸，沙河至虎头崖为沙质海岸，发源于鲁中山地的小清河、弥河、白浪河、虞河、潍河、北胶莱河和沙河在莱州湾南岸由南向北入海。

莱州湾冬季结冰，冰厚约 15cm。莱州湾滩涂辽阔，河流携带有机物质丰富，盛产蟹、蛤、毛虾及海盐等，是中国重要的渔业和海盐生产区，亦有石油和天然气蕴藏。莱州湾沿岸分布潍坊港、东营港广利港区、龙口港和羊角沟港，为山东省重要港口。

2 莱州湾基本水动力情况

2.1 潮　　汐

莱州湾的潮汐主要受黄河口外半日潮无潮点的影响，也受渤海海峡日潮无潮点的影响。各站的半日潮 M_2 振幅比日分潮 K_1 的振幅大1倍，半日潮占优势，全日分潮也占相当比例。

莱州湾的潮汐资料较多，其中有龙口站1961年以来的潮汐资料，清水沟、广利港、西大拐地区的部分潮汐资料；另外，还收集了潍河口、太平湾的潮汐调和常数。

根据潮汐实测资料，进行潮汐调和分析，得出各站调和常数和潮汐性质判别数。根据国内通用的潮汐性质判别标准：

$$F = \frac{H_{O_1} + H_{K_1}}{H_{M_2}}$$

式中：H_{O_1}、H_{K_1}、H_{M_2}——主太阴日分潮、太阴太阳赤纬日分潮、主太阴半日分潮的平均振幅（cm）。

当 $F \leqslant 0.5$ 时为正规半日潮；当 $0.5 < F \leqslant 2.0$ 时为不正规半日潮；

当 $2.0 < F \leqslant 4.0$ 时为不正规全日潮；当 $F > 4.0$ 时为正规全日潮。

莱州湾各站 F 值均在0.5以上、2.0以下，属于不正规混合半日潮区。F 值见表2.1。

莱州湾各区域 *F* 值表　　　　表2.1

站名	清水沟	广利港	羊角沟	西大拐	潍河口	刁龙嘴	界河口	屺姆岛	龙口
F	0.89	0.91	1.14	0.79	1.06	0.88	0.97	1.02	0.92

2.2 潮　　流

莱州湾面积较大，水深较浅，潮波在传播过程中，受岸边地形、底摩擦及入海河流等因素的影响不断变形，致使浅海分潮流显著，月不等现象明显，因此出现了涨、落潮流历时不等和流速不等的现象。根据实测资料分析：

黄河口附近是莱州湾的强流区，涨潮流平均历时短于落潮流平均历时，而涨潮流速小于落潮流速。实测的最大涨潮流速 1.41m/s，最大落潮流速 1.87m/s。湾口中部，涨潮流历时短于落潮流历时约 40min；表层涨潮流速小于落潮流速，底层则相反，涨潮流速大于落潮流速，差值约 0.05m/s。湾口东部，表层涨潮流历时长于落潮流历时约 30min，底层相反，涨潮流历时短于落潮流历时约 2h 30min；流速都是涨潮流速大于落潮流速。湾顶及湾内的其他部分，都是涨潮流历时长于落潮流历时，涨潮流速小于或等于落潮流速。

整体来看，除黄河口及局部海域外，莱州湾内整体流速较小，涨、落潮平均流速在 0.1 ~0.4m/s 之间，属于弱潮流动力海域。

莱州湾潮流分布图如图 2.1 所示。

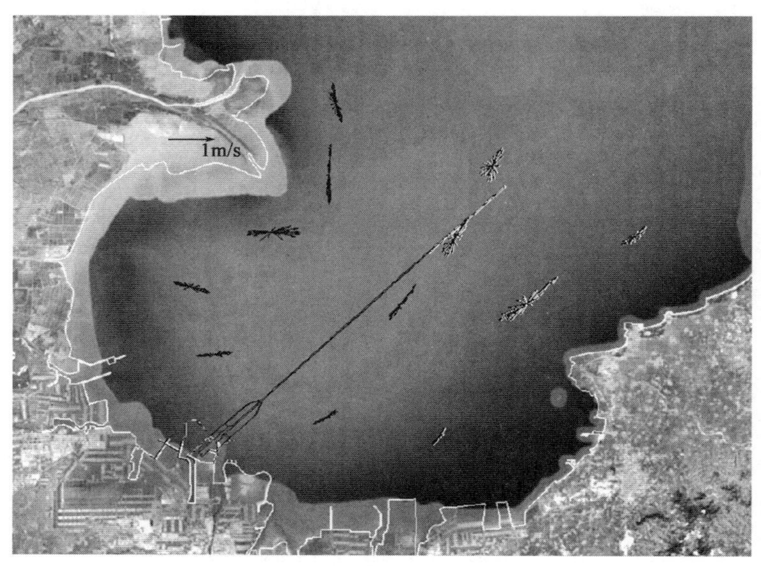

图 2.1　莱州湾潮流分布图

2.2.1　西岸

1）黄河口外海域

根据已有实测资料分析，本区潮流属规则半日潮流，呈往复流性质；涨潮流向为 SE 向，落潮流指向 NW 向，落潮流速略大于涨潮流速；黄河口门外有一高流速区，在 −15 ~ −10m 等深线之间。

2)广利港—广利河口海域

根据2008年10月水文资料分析(表2.2,图2.2～图2.4),广利河口海域潮流具有如下特征:

(1)该海域潮流运动形式受莱州湾潮波的影响,呈往复流运动。河口内测点,涨、落潮平均流向分别为258°～268°、80°～84°,最大流向也基本处于这一范围;位于近岸拦门沙的两个站点,流向由涨潮时向河口汇聚和落潮时从河口发散的规律;位于拦门沙南侧2号测点,涨、落潮平均流向分别为280°～287°、94°～97°,最大流向分别为277°～281°、93°～106°;位于拦门沙北侧的4号测点,涨、落潮平均流向分别为233°～261°、52°～55°,最大流向分别为240°～251°、50°～57°。

广利河口附近海域流速、流向统计　　表2.2

时　间	站位	潮段平均值					潮段最大值			
		涨潮		落潮		平均流速(m/s)	涨潮		落潮	
		流速(m/s)	流向(°)	流速(m/s)	流向(°)		流速(m/s)	流向(°)	流速(m/s)	流向(°)
2008年10月15日—10月16日(大潮)	1号	0.58	268	0.50	84	0.54	0.97	264	0.74	87
	2号	0.27	280	0.27	95	0.27	0.42	277	0.42	93
	3号	0.16	266	0.27	53	0.22	0.36	252	0.40	55
	4号	0.21	261	0.26	53	0.24	0.33	249	0.42	53
	5号	0.22	273	0.18	94	0.20	0.39	270	0.29	99
2008年10月18日—10月19日(中潮)	1号	0.52	261	0.59	84	0.56	1.21	262	0.93	84
	2号	0.28	283	0.30	97	0.29	0.42	280	0.50	106
	3号	0.20	255	0.43	63	0.32	0.35	261	0.73	68
	4号	0.18	245	0.30	55	0.24	0.35	251	0.47	57
	5号	0.19	276	0.18	102	0.19	0.37	272	0.34	101
2008年10月24日—10月25日(小潮)	1号	0.40	258	0.33	80	0.37	0.65	258	0.55	81
	2号	0.18	287	0.10	94	0.14	0.36	281	0.23	105
	3号	0.06	229	0.19	32	0.13	0.22	224	0.32	39
	4号	0.17	233	0.14	52	0.16	0.36	240	0.36	50
	5号	0.12	282	0.10	76	0.11	0.24	260	0.19	88

图 2.2　广利河口潮流矢量图(大潮)

图 2.3　广利河口潮流矢量图(中潮)

图 2.4　广利河口潮流矢量图(小潮)

(2)从流速数值的平面分布来看,该海区总体上呈现自近岸向外海逐渐减小的趋势,如大潮时位于河口内的 1 号测点,涨、落潮平均流速分别为 0.58m/s、

0.50m/s；位于拦门沙滩顶的 3 号测点，涨、落潮平均流速分别为 0.16m/s、0.27m/s；位于 -4m 等深线上的 5 号测点，涨、落潮平均流速分别为 0.22m/s、0.18m/s。

（3）大潮时，1 号、5 号测点呈现出涨潮流大于落潮流的特点，其他三个测点基本是落潮流速大于涨潮流速；中潮时，除 5 号测点外其他都是落潮流速大于涨潮流速；小潮时，除 3 号测点外其他都是涨潮平均流速大于落潮平均流速。从总体上看，河口以内流速较大，而河口以外则属于低流速区。

2.2.2 南岸

莱州湾南岸各测点潮流也呈明显往复流，见图 2.5、图 2.6，各测点涨潮平均流向呈 SW ~ WNW 向，落潮平均流向呈 NE ~ E 向，除 2 号、3 号两观测点落潮平均流向呈 E 向，其余测点呈 NE ~ ENE 向。比较大、小潮流向，大潮涨、落流向更接近于垂直岸线方向。实测数据表明：

（1）涨潮憩流时间，即初落时间，发生在高潮前 59min ~ 高潮后 1h 05min 之间，平均发生在高潮后 16min；落潮憩流时间，即初涨时间，发生在低潮前 34min ~ 低潮后 56min 之间，平均发生在低潮后 14min。各测点潮波都是介于驻波与前进波之间，兼有驻波与前进波的特征。

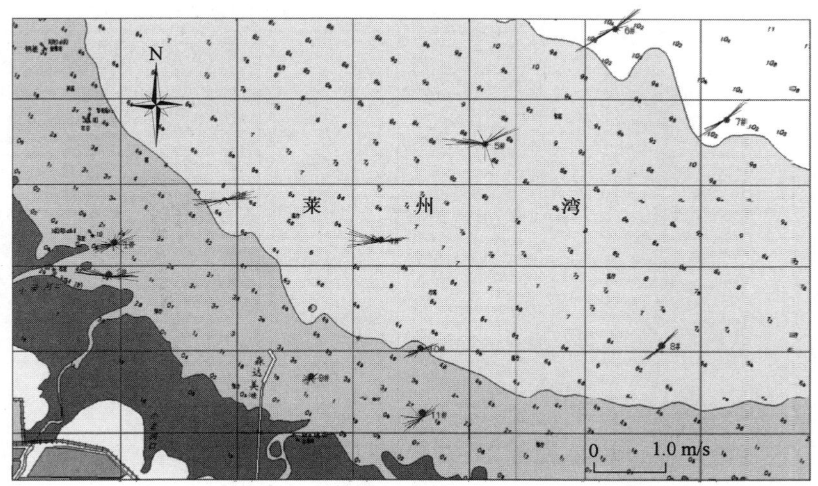

图 2.5 大潮垂线平均流速矢量图

（2）受月赤纬变化和海湾地形等因素的影响，不同水域的涨、落潮潮流历时有所差异(表2.3)。涨、落潮潮流平均历时分别为6h 37min和5h 39min,涨潮潮流历时大于落潮潮流历时,平均历时差58min。涨、落潮潮流平均历时,大潮分别为6h 28min和5h 45min,小潮分别为6h 45min和5h 34min。

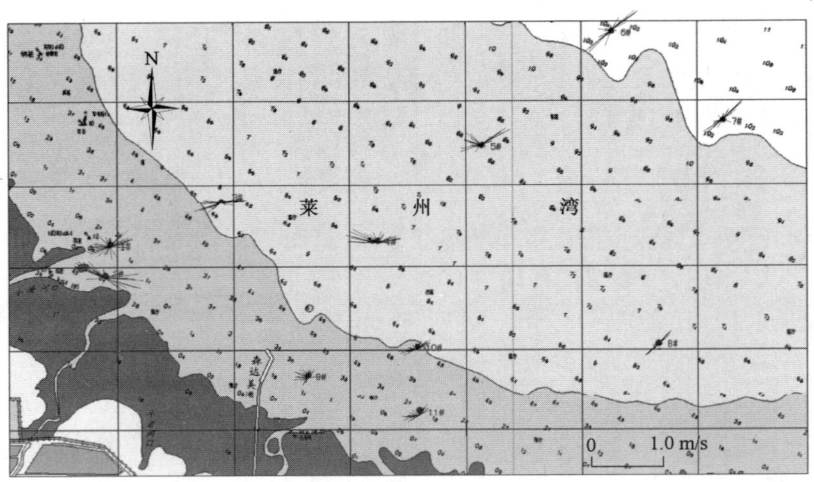

图2.6　小潮垂线平均流速矢量图

涨、落潮潮流历时汇总统计表(单位:h:min)　　表2.3

站　名	涨　潮			落　潮		
	大潮	小潮	平均值	大潮	小潮	平均值
1号	6:38	6:13	6:25	5:44	6:01	5:52
2号	5:54	7:40	6:47	6:14	4:41	5:27
3号	6:30	6:17	6:23	5:47	6:00	5:53
4号	6:49	6:58	6:53	5:38	5:41	5:39
5号	6:26	6:34	6:30	5:32	5:16	5:24
6号	6:29	6:39	6:34	6:15	5:35	5:55
7号	6:21	6:23	6:22	5:58	6:06	6:02
8号	6:01	6:14	6:08	6:16	6:05	6:10
9号	6:59	7:50	7:24	5:01	4:56	4:58
10号	6:29	6:48	6:38	5:27	5:36	5:31
11号	6:40	6:47	6:43	5:21	5:24	5:23
平均值	6:28	6:45	6:37	5:45	5:34	5:39

(3)本海区流速与潮型关系密切,总体上大潮流速大于小潮流速。

大潮期间:最大流速0.66m/s,出现在6号测点涨潮潮段;各站涨潮潮段平均流速在0.08~0.33m/s之间;各站落潮潮段平均流速在0.07~0.31m/s之间。小潮期间:最大流速0.54m/s,出现在2号测点落潮潮段。各站涨潮潮段平均流速在0.12~0.27m/s之间;各站落潮潮段平均流速在0.10~0.22m/s之间。详见表2.4~表2.8。

潮段平均流速呈表层至底层逐渐递减的分布状态。垂线上流速梯度,落潮潮段大于涨潮潮段。

各测点潮段平均流速统计表(单位:m/s)　　表2.4

站名	涨潮			落潮		
	大潮	小潮	平均值	大潮	小潮	平均值
1号	0.19	0.21	0.20	0.21	0.24	0.22
2号	0.28	0.27	0.27	0.26	0.20	0.23
3号	0.27	0.21	0.24	0.27	0.18	0.22
4号	0.31	0.27	0.29	0.23	0.20	0.21
5号	0.31	0.18	0.24	0.29	0.22	0.25
6号	0.33	0.22	0.27	0.31	0.24	0.27
7号	0.26	0.18	0.22	0.24	0.19	0.21
8号	0.18	0.14	0.16	0.19	0.14	0.16
9号	0.08	0.12	0.10	0.07	0.10	0.08
10号	0.14	0.14	0.14	0.15	0.15	0.15
11号	0.18	0.16	0.17	0.14	0.13	0.14
平均值	0.23	0.19	0.21	0.21	0.18	0.20

大潮潮段最大流速特征值统计表　　表2.5

项目/测点	涨潮					落潮				
	实测最大值			垂线平均最大值		实测最大值			垂线平均最大值	
	流速(m/s)	流向(°)	测点	流速(m/s)	流向(°)	流速(m/s)	流向(°)	测点	流速(m/s)	流向(°)
1号	0.32	256	表层	0.29	260	0.36	68	表层	0.34	51
2号	0.54	264	表层	0.47	278	0.50	102	表层	0.45	81
3号	0.48	264	表层	0.46	271	0.46	78	表层	0.44	84

续上表

测点＼项目	涨潮					落潮				
	实测最大值			垂线平均最大值		实测最大值			垂线平均最大值	
	流速(m/s)	流向(°)	测点	流速(m/s)	流向(°)	流速(m/s)	流向(°)	测点	流速(m/s)	流向(°)
4 号	0.61	296	表层	0.51	293	0.42	78	0.2*H*	0.40	82
5 号	0.68	272	表层	0.60	276	0.58	72	表层	0.51	66
6 号	0.72	236	0.6*H*	0.66	238	0.66	48	表层	0.62	51
7 号	0.54	234	0.6*H*	0.48	237	0.48	54	0.6*H*	0.44	48
8 号	0.36	234	表层	0.31	234	0.42	46	0.4*H*	0.35	43
9 号	0.16	270	表层	0.12	259	0.18	48	表层	0.15	85
10 号	0.26	260	表层	0.24	243	0.36	56	表层	0.28	69
11 号	0.38	242	表层	0.31	232	0.42	52	0.6*H*	0.32	50
最大值	0.72	236	0.6*H*	0.66	238	0.66	48	表层	0.62	51

小潮潮段最大流速特征值统计表 表 2.6

测点＼项目	涨潮					落潮				
	实测最大值			垂线平均最大值		实测最大值			垂线平均最大值	
	流速(m/s)	流向(°)	测点	流速(m/s)	流向(°)	流速(m/s)	流向(°)	测点	流速(m/s)	流向(°)
1 号	0.34	252	表层	0.32	255	0.36	50	表层	0.35	47
2 号	0.54	300	表层	0.46	293	0.68	92	0.6*H*	0.54	94
3 号	0.46	248	0.2*H*	0.40	251	0.38	80	0.2*H*	0.33	86
4 号	0.51	296	0.2*H*	0.45	285	0.39	80	0.2*H*	0.34	80
5 号	0.42	252	表层	0.30	251	0.52	58	0.2*H*	0.46	61
6 号	0.62	242	0.4*H*	0.50	230	0.58	48	表层	0.51	48
7 号	0.40	220	0.6*H*	0.35	229	0.44	46	0.2*H*	0.40	45
8 号	0.30	226	表层	0.23	229	0.32	32	表层	0.27	42
9 号	0.22	312	表层	0.20	295	0.20	46	表层	0.16	37
10 号	0.32	244	表层	0.26	263	0.30	58	0.2*H*	0.23	56
11 号	0.30	268	表层	0.25	266	0.24	42	表层	0.21	34
最大值	0.62	242	0.4*H*	0.50	230	0.68	92	0.6*H*	0.54	94

测验各测点涨、落潮潮段平均流速垂向

分布统计表(大潮)(单位:m/s) 表2.7

站名	涨潮						落潮					
	表层	0.2H	0.4H	0.6H	0.8H	底层	表层	0.2H	0.4H	0.6H	0.8H	底层
1号	0.22	—	—	0.19	—	0.18	0.23	—	—	0.21	—	0.19
2号	0.31	—	—	0.28	—	0.26	0.29	—	—	0.27	—	0.22
3号	0.29	0.29	0.28	0.27	0.25	0.25	0.28	0.28	0.26	0.26	0.25	0.24
4号	0.36	0.36	0.33	0.31	0.27	0.23	0.24	0.24	0.24	0.23	0.20	0.17
5号	0.34	0.34	0.34	0.32	0.28	0.26	0.31	0.31	0.29	0.29	0.26	0.25
6号	0.33	0.35	0.36	0.35	0.31	0.26	0.34	0.34	0.34	0.31	0.29	0.24
7号	0.24	0.29	0.27	0.27	0.24	0.22	0.25	0.27	0.26	0.25	0.24	0.21
8号	0.19	0.19	0.19	0.19	0.16	0.14	0.20	0.20	0.21	0.19	0.18	0.15
9号	0.08	—	—	0.07	—	0.08	0.07	—	—	0.07	—	0.07
10号	0.15	0.14	0.15	0.14	0.15	0.14	0.21	0.17	0.17	0.15	0.13	0.11
11号	0.22	—	—	0.21	—	0.16	0.17	—	—	0.16	—	0.12
平均值	0.25	—	—	0.23	—	0.20	0.23	—	—	0.21	—	0.18
与表层比值	1.00	—	—	0.95	—	0.80	1.00	—	—	0.92	—	0.75

测验各测点涨、落潮潮段平均流速垂向

分布统计表(小潮)(单位:m/s) 表2.8

站名	涨潮						落潮					
	表层	0.2H	0.4H	0.6H	0.8H	底层	表层	0.2H	0.4H	0.6H	0.8H	底层
1号	0.22	—	—	0.21	—	0.20	0.25	—	—	0.24	—	0.23
2号	0.29	—	—	0.30	—	0.30	0.20	—	—	0.23	—	0.18
3号	0.24	0.25	0.21	0.20	0.19	0.18	0.21	0.21	0.19	0.18	0.15	0.16
4号	0.30	0.30	0.29	0.27	0.24	0.21	0.22	0.23	0.22	0.19	0.18	0.14
5号	0.21	0.19	0.17	0.15	0.15	0.15	0.23	0.26	0.21	0.21	0.20	0.20
6号	0.24	0.27	0.26	0.19	0.23	0.18	0.30	0.29	0.26	0.23	0.22	0.19
7号	0.18	0.19	0.18	0.18	0.16	0.17	0.22	0.22	0.21	0.19	0.18	0.16
8号	0.16	0.15	0.15	0.14	0.14	0.13	0.16	0.15	0.14	0.14	0.12	0.11
9号	0.12	—	—	0.13	—	0.10	0.12	—	—	0.11	—	0.08
10号	0.17	0.16	0.15	0.14	0.13	0.11	0.17	0.18	0.16	0.15	0.13	0.12
11号	0.19	—	—	0.17	—	0.13	0.15	—	—	0.14	—	0.12
平均值	0.21	—	—	0.19	—	0.17	0.20	—	—	0.18	—	0.15
与表层比值	1.00	—	—	0.89	—	0.80	1.00	—	—	0.90	—	0.76

2.2.3 东岸

东岸海区为不规则半日潮流区，但两次涨（落）潮潮流的流速不等，时间也不等。龙口湾内潮流以旋转流为主，航道以北水域的潮流逆时针旋转，航道以南的潮流顺时针旋转。

总的来说，龙口湾内涨潮潮流速略小于落潮流速、湾口流速大于湾内、岬角流速呈明显增大趋势；涨潮期间，航道以北潮流呈逆时针涡旋，但强度较弱；港内潮流十分微弱，一般小于10cm/s。

2.3 余　　流

莱州湾的余流分布（图2.7）和潮流分布基本一致，在黄河口附近水域，余流流速较强，最大可达0.21m/s，流向为东北偏东；在三山岛附近水域和龙口湾，流速较弱，一般只有0.01～0.03m/s；莱州湾的西南部，即从黄河口至刁龙嘴以里的较大水域，存在着一个顺时针的环流，在这个环流中，北部流速强，南部流速较弱。

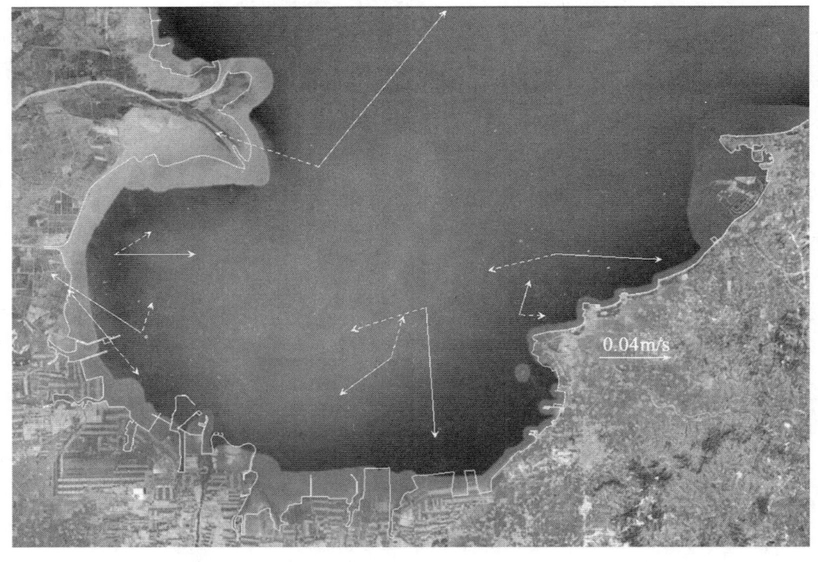

图2.7　莱州湾余流分布图

2.4 风与波浪

莱州湾的波浪主要受温带季风气候控制，整个莱州湾海区的波浪以风浪为主，风浪出现频率在80%以上。受季风影响，莱州湾波浪季节性变化明显，寒潮大风期间风浪较强，夏季风浪较弱。

2.4.1 风

风观测资料来源站点分布如图2.8所示。莱州湾各区域强风向及常风向略有差别。就强风向而言，莱州湾东部为NNE和NE向，最大风速20m/s；中部为NNW、NNE和S等方向，最大风速也是20m/s；莱州湾西部为NE，最大风速22m/s。常风向除莱州湾东部为S，频率为15%外，中部和西部，都为SSE；频率中部15%，西部14%。各月最多风向，东部除1月和12月为SSE外，2～11月都是S向；中部和西部2至11月都是SSE向；中部6月频率为24%，西部7月频率为22%。

图2.8 风观测资料来源站点分布图

不小于8级大风日数年平均为20.8～44.3天，莱州湾的东南部大风日数较多为44.3天，最多年达104天(1972年)，东部大风日数较少为20.8天。月平均在0.3～2.1天，以8月大风日数较少，月平均0.3～1.7天，最多年也只有8天。

年平均风速，莱州湾的东南部最大为5.2m/s，东部3.7m/s，中、西部均为4.0m/s。春季风速较大，其中4月最大，月平均风速在4.7～6.5m/s；7～10月风速较小，9月风速最小，月平均风速在2.7～4.3m/s，中部和东部仅2.7～2.8m/s。

2.4.2 波浪

根据三山岛（1981年4月～1982年5月）、支脉河口外（1987年4月1日～30日）、莱州湾海区－10m水深处（2008年12月～2010年1月）和龙口海洋站的实测海浪资料（测波站位置见图2.9），对波浪基本特征进行分析。在近岸水域，由于各地的海岸形状、水深地形的不同，波浪状况亦有区别。图2.10为莱州湾－10m水深处波浪玫瑰图。莱州湾－10m水深处累年各级各向波高（$H_{1/3}$）频率分布见表2.9。

图2.9　莱州湾测波站分布图

1）莱州湾西部

支脉河口外海域只有1987年4月一个月的实测资料。由于受地形的影响，该区域的波浪主要由东风引起的NE～SE向浪。强浪向为NE向，最大波高

1.8m,常浪向为 NE 向。北向风也能引起该区域出现较大的浪,N ~ NNE 最大波高接近强浪向最大波高,但出现频率比 NE 向小得多。

2)莱州湾中部

莱州湾中部常浪向为 NE 向,频率为 25.3%,次常浪向为 NNE 向,出现频率为 17.4%,强浪向为 NE 向。

3)莱州湾东部

龙口海洋站观测波浪以风浪为主,风浪频率占 90%。风浪的年变化不明显,涌浪随季节不同而有较大变化。累年平均波高为 0.6m,历年最大波高为 3.1 ~ 7.2m。强波向和常波向均为 NE 向,最大波高 7.2m,频率为 14%。三山岛测波点波浪也以风浪为主。受地形影响该海域的波浪以北向浪(NE ~ NW)为主。强浪向和常浪向均为 NNE,该向平均波高 1.3m,频率 11%,最大波高 3.9m。

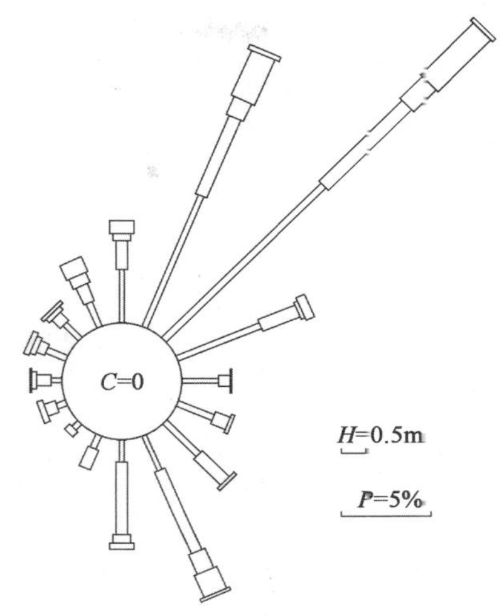

图 2.10 莱州湾 -10m 水深处波浪玫瑰图

莱州湾 -10m 水深处累年各级各向波高($H_{1/3}$)频率分布 表 2.9

波级 / 波向	≤0.3m		0.4 ~ 0.6m		0.7 ~ 0.9m		1.0 ~ 2.4m		≥2.4m		合计	
	次数	频率(%)	次数	频率(%)	次数	频率(%)	次数	频率(%)	次数	频率(%)	次数	频率(%)
N	66	3.1	34	1.6	8	0.4	18	0.8	1	0.0	127	5.9
NNE	177	8.2	106	4.9	24	1.1	61	2.8	7	0.3	375	17.4
NE	272	12.6	143	6.6	37	1.7	90	4.2	4	0.2	546	25.3
ENE	107	5.0	50	2.3	5	0.2	10	0.5	1	0.0	173	8.0
E	46	2.1	13	0.6	1	0.0	3	0.1	1	0.0	64	3.0
ESE	48	2.2	20	0.9	4	0.2	0	0.0	0	0.0	72	3.3
SE	58	2.7	45	2.1	3	0.1	2	0.1	0	0.0	108	5.0
SSE	48	2.2	112	5.2	29	1.3	31	1.4	2	0.1	222	10.3
S	29	1.3	90	4.2	14	0.6	7	0.3	0	0.0	140	6.5
SSW	20	0.9	26	1.2	1	0.0	1	0.0	0	0.0	48	2.2
SW	11	0.5	8	0.4	0	0.0	0	0.0	0	0.0	19	0.9
WSW	14	0.6	14	0.6	2	0.1	6	0.3	0	0.0	36	1.7

续上表

波级 / 波向	≤0.3m		0.4~0.6m		0.7~0.9m		1.0~2.4m		≥2.4m		合　计	
	次数	频率（%）	次数	频率（%）	次数	频率（%）	次数	频率（%）	次数	频率（%）	次数	频率（%）
W	14	0.6	17	0.8	6	0.3	2	0.1	1	0.0	40	1.9
WNW	27	1.2	11	0.5	7	0.3	7	0.3	1	0.0	53	2.5
NW	25	1.2	16	0.7	4	0.2	5	0.2	0	0.0	50	2.3
NNW	33	1.5	23	1.1	13	0.6	19	0.9	0	0.0	88	4.1
合计	995	46.0	728	33.7	158	7.3	262	12.1	18	0.8	2161	100.0

冬季是莱州湾一年中波浪最大的季节，常浪向、强浪向均为 NE 向，NNE 向次之；春季波浪仅次于冬季，常浪向、强浪向也为 NE 向，NNE 向次之；秋季波浪略小于春季，常浪向、强浪向为 NNE 向；夏季是一年中波浪最小季节，常浪向、强浪向为 SSE 向，NE 向次之。1~3 月和 10~12 月为大浪多发月份，其中 2 月和 12 月波浪最大，一年中出现 2m 以上大波情况，多发于这两个月，5~9 月波浪相对较小，5 月波浪最小。

3 莱州湾泥沙环境

3.1 表层沉积物

3.1.1 总体分布

莱州湾总体上属于粉沙淤泥质海湾，其沉积物(图3.1)中值粒径从海到岸逐渐增大，在河口附近局部区域中值粒径略偏细，沉积物变化具有明显的层次性。莱州湾6m等深线以深海域，海底表层沉积物以粉砂为主。

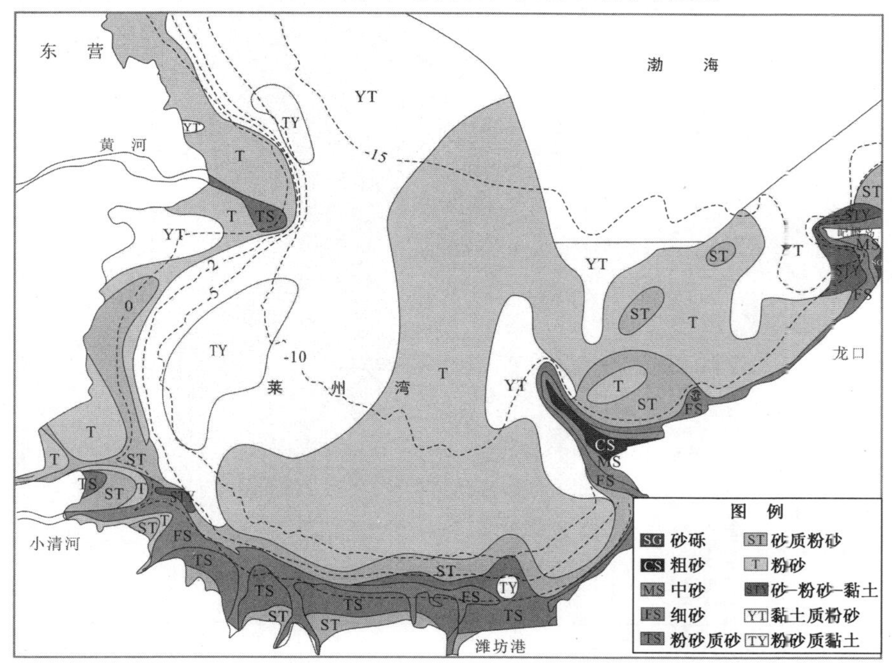

图3.1　莱州湾海底表层沉积物类型图

受沿岸河流来沙量、波浪、海流等环境因素影响，海湾各岸段5~6m等深线以浅海域又有所不同：

莱州湾西岸(支脉河以北)受黄河来沙影响，海底沉积物主要为黏土质粉砂;莱州湾南岸(支脉河至虎头崖)为粉砂分布区域,其近岸侧为呈条带状分布的砂质粉砂;莱州湾东岸(虎头崖以北)海底表层沉积物主要由中细砂组成,而刁龙嘴至龙口沿岸则为细砂分布带。

3.1.2 西岸

以黄河口和广利河口(广利港)为例,介绍莱州湾西岸表层沉积物情况及分布。

1)黄河口

黄河入海泥沙多为细颗粒泥沙,因此黄河三角洲表层沉积物也基本上以细颗粒泥沙为主,多为黏土质粉砂。实测平均中值粒径 0.0375mm,最大粒径 0.0760mm,最小粒径 0.0158mm。

黄河三角洲表层沉积物中值粒径分布如图 3.2 所示。

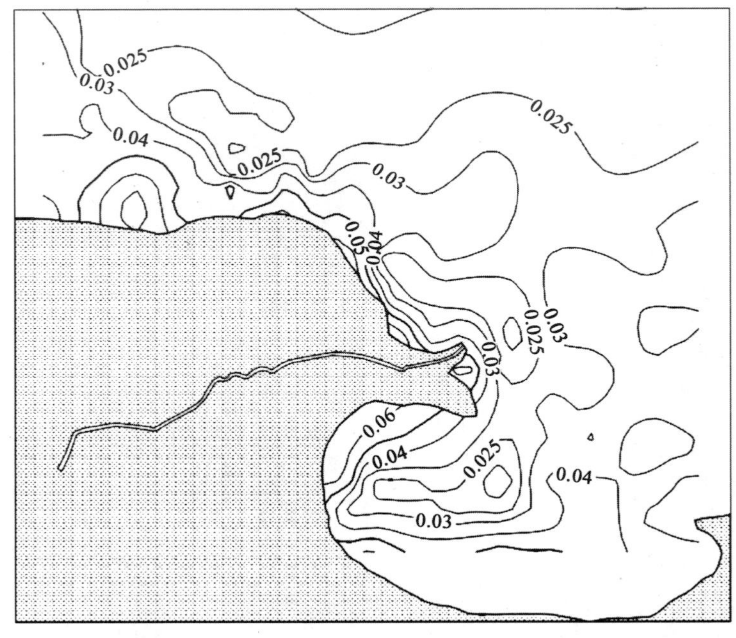

图 3.2 黄河三角洲表层沉积物中值粒径分布图(2000 年)

其平面分布总体为:近岸粗,外海细。三角洲区泥沙中值粒径等值线基本平行。在黄河入海口处有两个小于 0.025mm 的封闭区域,根据利津站黄河入海泥沙中值粒径 0.027mm 的实测资料表明,此处为黄河泥沙聚集区。

2)广利河口(广利港)

广利河口附近海域沉积物种类有:砂、粉砂、粉砂质砂、砂质粉砂、砂、黏土质粉砂6种(图3.3),其中主要以粉砂、粉砂质砂、砂质粉砂、黏土质粉砂为主;沉积物中值粒径在0.004~0.079mm之间。沉积物分布特征表现为:

(1)从岸到海,沉积物中值粒径呈现从粗到细的变化趋势,具有较强的层次性,从近岸及拦门沙附近的0.05~0.06mm粉砂质砂、砂质粉砂渐变到0.04mm左右的粉砂,再到0.02mm左右的黏土质粉砂;深水区则主要为黏土质的细颗粒沉积物,中值粒径在0.01~0.02mm左右(图3.4)。

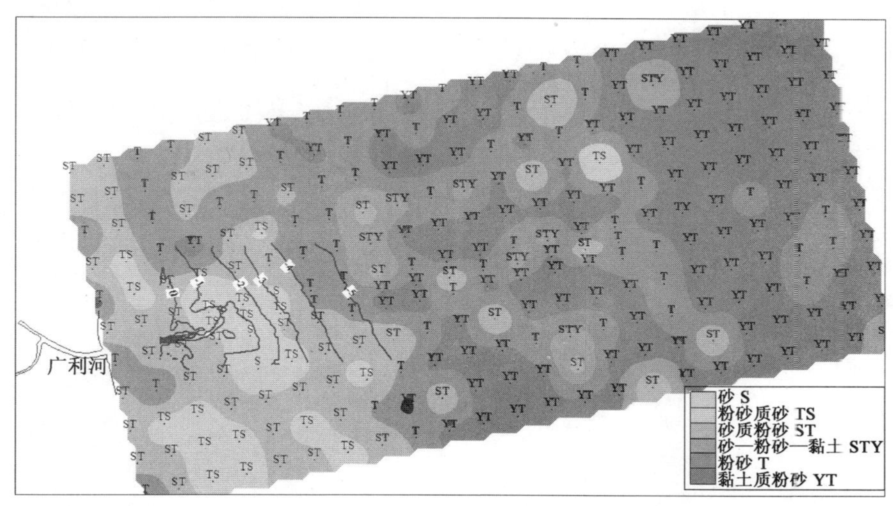

图3.3 表层沉积物沉积类型分布图(2008年10月)

(2)-2m水深以内的浅水区,主要以砂质粉砂和粉砂质砂为主,接近岸边基本为粉砂分布带,拦门沙南、北两侧主要为粉砂质砂,有少量细砂分布;-3m和-4m水深之间基本为一过渡带,分布着砂~粉砂~黏土,呈窄带状分布;-4m等深线以外则是黏土质粉砂、粉砂混合区,交错分布。

(3)底质沉积物的黏土含量也具有很好的分布规律。相比之下,近岸浅水区黏土含量较低,一般都在5%~10%,拦门沙附近的黏土含量则在5%左右;向外海逐渐增加,从10%~15%,到15%~20%,再到20%以上,呈明显的递增规律(图3.5)。

3.1.3 南岸

1)本海域整体表层沉积物分布情况

本海区沉积物可概括为砂质类、粉砂质和泥质类三种。其中,砂质粉砂~黏土质粉砂含量最高，总含量达69.45%；其次为砂~粉砂质砂，占30.39%；粉砂质黏土含量最低，仅占0.16%。

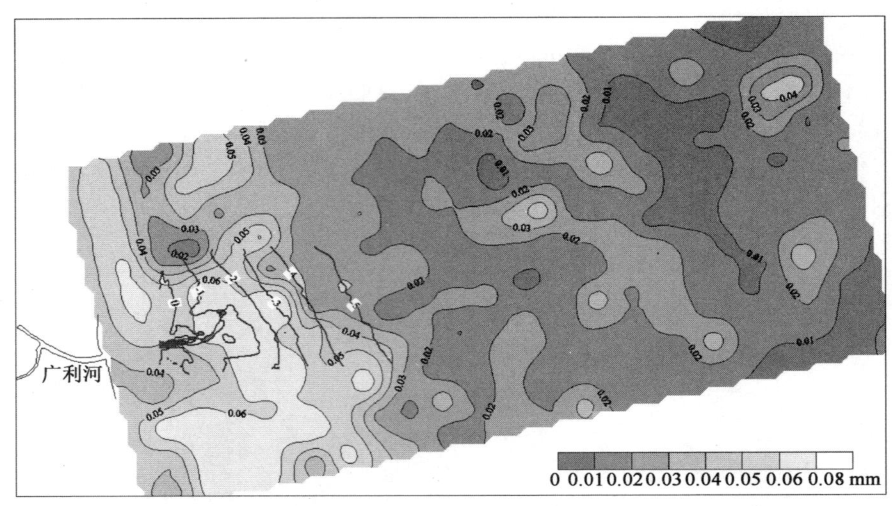

图3.4 表层沉积物中值粒径等值线图(2008年10月)

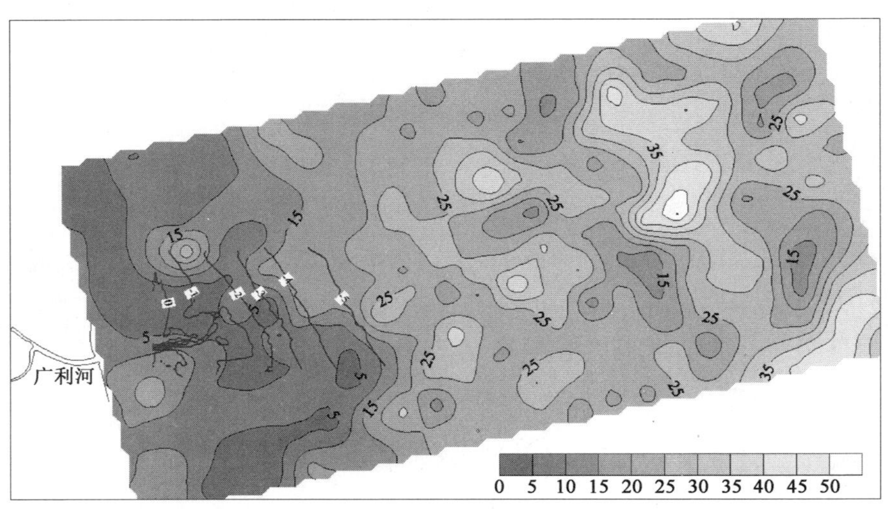

图3.5 表层沉积物黏土含量分布图(2008年10月)

从中值粒径(d_{50})看：平均中值粒径变化于0.0355~0.0802mm之间。本海区底质具有西细东粗特点。从岸到海，底质由粗转细。从宏观上看d_{50}大于0.05mm的粗颗粒物质，大体分布在-6m水深以内；由此向外粒径下降较为明显，其中 -7 ~ -8m 水域的平均 d_{50} 为 0.016 ~0.027mm，-8m 以外通常小于 0.01mm。

沉积物含泥量的分布规律仍较明显：在平面分布上，由浅至深沉积物的含泥量由低至高，-4m 水深以内约介于 11% ~20%，-5 ~ -6m 水深上升至 24% ~35%，-7 ~ -8m 水深增加至 40% ~49%，区域含泥量总体较高的特征明显。研究表明，当沉积物的含泥量超过 30% 时，受细颗粒泥沙黏滞作用的影响，泥沙的活跃性将明显降低，因此，波浪对 -6m 水深以里一定范围内滩面物质的掀扬及其运移，将成为防波堤延伸前外航道淤积的重要沙源之一。

2）本海域各区域表层沉积物分布情况

（1）潍坊西港区

本区域绝大部分区域分布着细砂，其他物质中，除砂质粉砂呈少量块状分布外，其余皆为零星状分布。本区沉积物中值粒径在 0.0378 ~0.3789mm 之间，平均中值粒径为 0.1297mm，沉积物总体上呈示由近岸向外海逐渐变细、西部粗于东部的沉积特征，具体如图 3.6、图 3.7 所示。

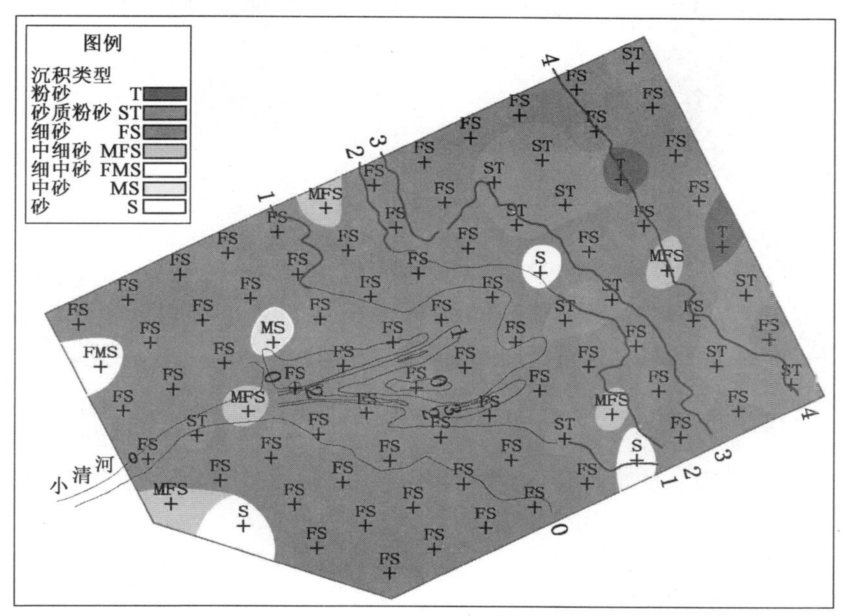

图 3.6 小清河河口表层沉积物沉积类型分布图

（2）潍坊中港区

潍坊中港区内的沉积物质由粗至细依次为砂（S）、中细砂（MFS）、细砂（FS）、砂质粉砂（ST）、粉砂（T）、黏土质粉砂（YT）。其中，粗颗粒物质有 3 种，分别为砂(S)、中细砂(MFS)、细砂(FS);细颗粒物质有3种,分别为砂质粉砂(ST)、粉砂(T)、黏土质粉砂(YT)。本区细颗粒物质中,粉砂所占比例最多,为39.5%,其次为黏土质粉砂,占25.6%,砂质粉砂占11.6%,即细物质所占百分比为76.7%;粗物质占23. 3%,按其所占百分比多少,依次为细砂14.0%、砂7.0%,中细砂2.3%。

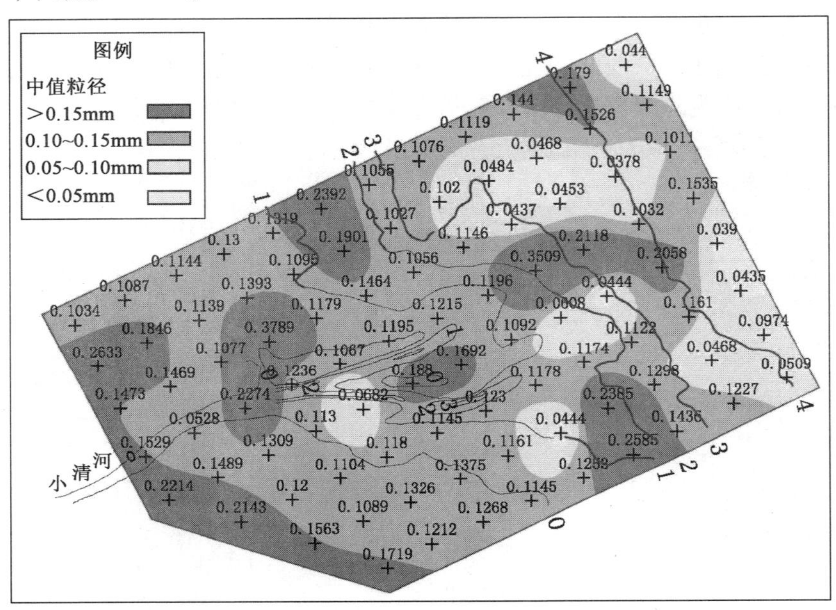

图3.7 小清河河口表层沉积物中值粒径分布图

从沉积物沉积类型分布图(图3.8)可以看出,断面(8)以西,粗颗粒物质分布面积多于细颗粒物质,粗粒物质基本分布在-9m水深以内。从细粒物质分布看,粉砂自断面(3)~断面(15)广为分布,且分布面积占到细粒物质分布面积的60%以上;自断面(11)~断面(15),黏土质粉砂呈块状分布,与粉砂的分布面积大致相当;砂质粉砂呈零散分布,但分布面积远小于粉砂及黏土质粉砂。粗粒物质中全部为砂级沉积物,其中又以细砂为优势粒级分布,其他物质呈少量零散分布。

本区沉积物中值粒径在0.0090~0.1803mm之间,平均中值粒径为0.0464mm,沉积物总体上显示出由近岸向外海逐渐变细的沉积特征(图3.9)。

(3)潍坊东港区

样品分析结果表明,潍坊东港区内的沉积物质由粗至细依次为细砂(FS)、砂质粉砂(ST)、粉砂(T)、黏土质粉砂(YT)。其中,粗颗粒物质只有1种,为细

砂(FS);细颗粒物质有3种,分别为砂质粉砂(ST)、粉砂(T)黏土质粉砂(YT)。本区细砂所占比例最多,为72.4%,其次为粉砂,占17.2%,砂质粉砂占6.9%,黏土质粉砂占3.5%。

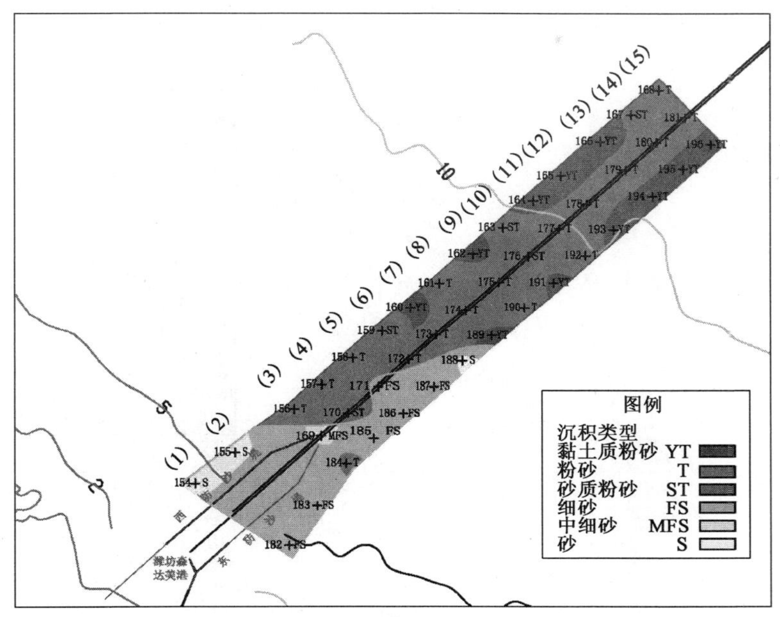

图3.8 潍坊中港区表层沉积物沉积类型分布图

从沉积物分布类型图(图3.10)可以看出,本海区粗物质广为分布,沉积物质单一,为细砂;细物质分布于断面(7)以北,其中又以粉砂分布较多。在断面(7)~断面(8)之间及测量区域西北角呈块状分布,其他物质呈零星状分布。

潍坊东港区表层沉积物中值粒径分布如图3.11所示。本区沉积物中值粒径在0.0205~0.1184mm之间,平均中值粒径为0.0858mm,沉积物总体上显示出由近岸向外海逐渐变细的沉积特征。大于0.10mm物质除在所调查区域最南端及北部呈少量带状分布外,还在测量区域中部呈局部分布。而小于0.05mm物质在断面(4)及测量区域的西北角呈零星状分布。

3.1.4 东岸

以龙口港区为例介绍莱州湾东岸底质情况。由图3.12可以看出:龙口湾北侧湾顶为中砂及砾,湾顶向内依次为粉砂质黏土、黏土质粉砂。龙口湾沿岸向南侧一直到石虎嘴为细砂,向内分布大片粉砂。

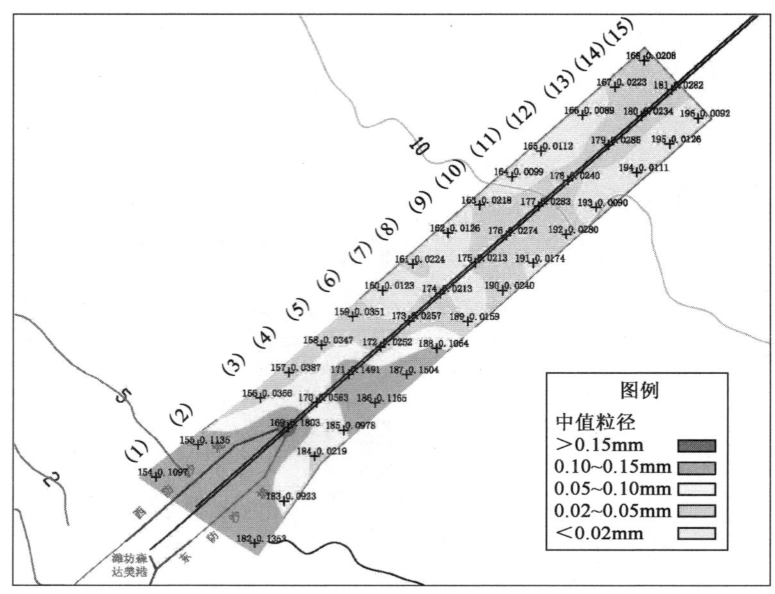

图 3.9　潍坊中港区表层沉积物中值粒径分布图

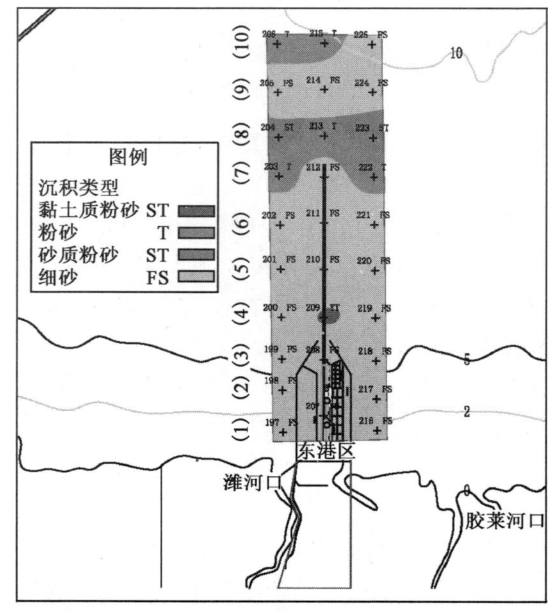

图 3.10　潍坊东港区表层沉积物沉积类型分布图

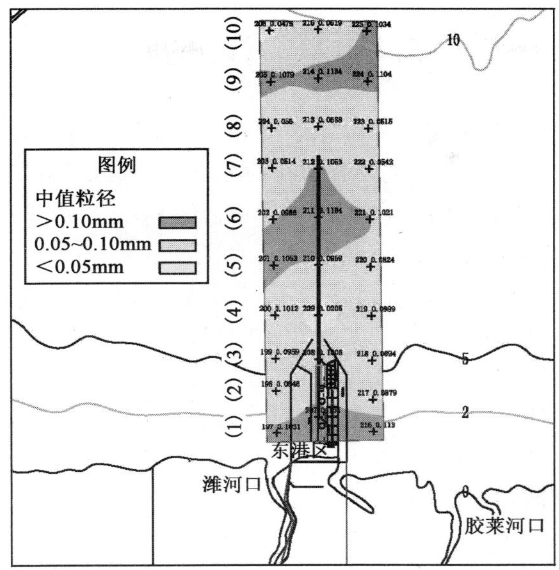

图 3.11　潍坊东港区表层沉积物中值粒径分布图

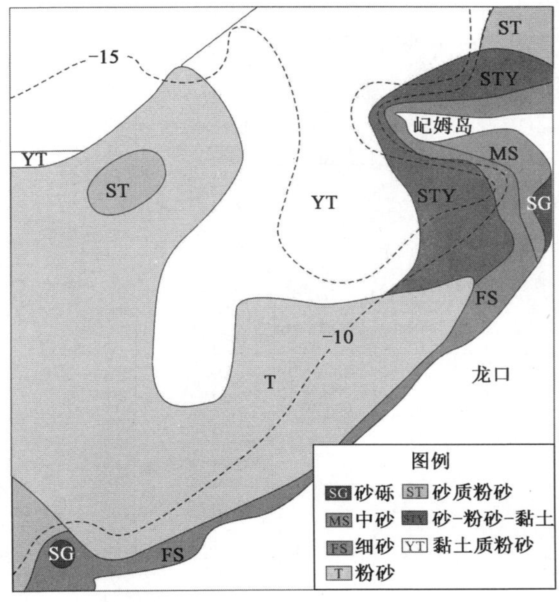

图 3.12　龙口海域底质类型图(1982—1984 年)

3.2 悬　沙　场

通过卫星遥感反演莱州湾表层悬沙情况。莱州湾表层悬浮泥沙遥感反演结果表明：莱州湾内高含沙水体主要分布在西北部的黄河口周围近岸海域，自河口向东至小清河以北的近岸海域也有少量分布，分布形态沿海岸呈条带状，不同影响因素条件下其沿岸向南扩散距离不等。

历史资料显示，在丰水期莱州湾内不同区域水体的表层悬浮泥沙含量相差悬殊，大于 5kg/m^3 的悬沙水体主要在距黄河口周围近岸约 7km 的范围内，莱州湾内大部分海域是浓度小于 0.05kg/m^3 的相对低含沙水体，在 1996 年黄河出汊向东北方向入海以前，覆盖以黄河口为起点，其范围在向海距离约 15km 以内的区域；在 1996 年以后莱州湾内表层悬浮泥沙浓度整体有所增大，悬浮泥沙浓度小于0.05kg/m^{3}的低含沙水体覆盖范围明显缩小，黄河口门附近的高含沙水体出现向东偏南方向短距离内扩散的趋势。

在枯水期大多数的年份，如 1989 年、1997 年、2003 年，黄河口近岸不存在大于 5kg/m^3 的高含沙水体，相对高浓度的悬沙水体，除在河口两侧分布外，还向东偏南方向的白沙岭尖角方向扩散，使得莱州湾内大部分区域的悬浮泥沙浓度普遍高于0.05kg/m^3；悬浮泥沙水体的覆盖范围明显大于丰水期，在黄河向东北方向出汊后也未出现明显变化。

另外从 2007—2012 年卫星数据中筛选出有代表性的遥感影像 9 景。所选图像潮流条件涵盖了大、中、小潮和涨、落潮情况，图像时间覆盖不同季节、大风天/正常天气情况，具有一定的代表性。表 3.1 列出了所选卫星遥感资料的水文与气象情况（表中的风况参照了 QuickSCAT/NCEP 混合风场数据，2009 年该卫星出现故障，缺失后续风数据，潮况参照羊角沟站的潮汐预报表）。

卫星遥感资料与水文气象条件　　表 3.1

卫星	成像日期（年-月-日）	时间（时:分:秒）	成像时潮况	海区风况	
				风向	风速（m/s）
L5	2007-06-15	10:40:52	大潮涨潮中期	N	8.13
L5	2007-07-17	10:38:08	大潮落潮末期	SW	5
L7	2009-02-20	11:03:18	中潮落潮初期	ESE	12
L7	2010-09-11	11:00:56	大潮落潮末期	数据缺失	
L7	2011-03-30	11:00:56	中潮落潮初期		

续上表

卫星	成像日期（年-月-日）	时间（时:分:秒）	成像时潮况	海区风况	
				风向	风速(m/s)
L7	2011-09-22	11:05:10	小潮落潮中期	数据缺失	
L7	2011-12-11	11:00:47	大潮涨潮中期		
L7	2012-01-12	11:01:24	中潮涨潮中期		
L7	2012-04-01	11:00:26	小潮落潮中期		

莱州湾海域遥感图像处理结果见图3.13～图3.22，对比分析可知：

（1）正常天气情况下，莱州湾海域的水体含沙量偏低，近岸水体含沙量基本上都小于0.2kg/m^3。大风天气下，水体含沙量明显增加，越靠近黄河口附近的海域含沙量越大，并且自岸向海逐渐递减。

（2）夏季含沙量较小，基本都在0.05kg/m^{3}以下；冬季含沙量较大，可达0.2kg/m^{3}以上。

（3）冬季受寒潮大风影响，黄河口水下三角洲的泥沙扩散影响莱州湾西北大部分区域，最远可扩散至莱州湾中部水域，影响潍坊港中港区5万吨级航道。

（4）从纵向上看，潍坊港近岸海域表层含沙量呈现从近岸至外海递减趋势。相对高含沙区域主要集中在－6m等深线以里的近岸浅滩区，在落潮末期，表层含沙量可达0.1～0.2kg/m^3。

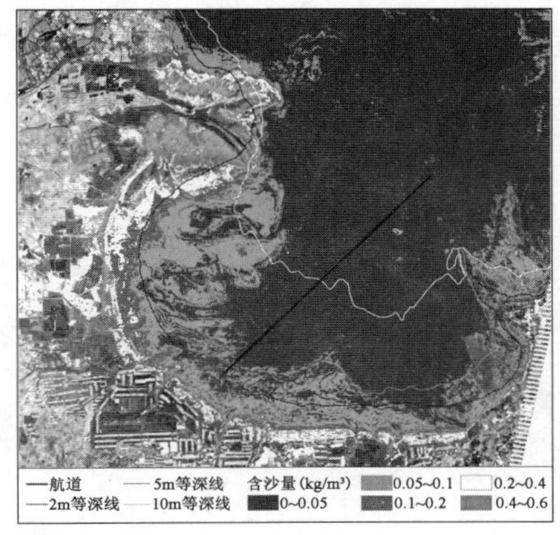

图3.13　莱州湾海域遥感图像及悬沙分布（2007-06-15　大潮涨潮中期）风况：风向N；风速8.13m/s

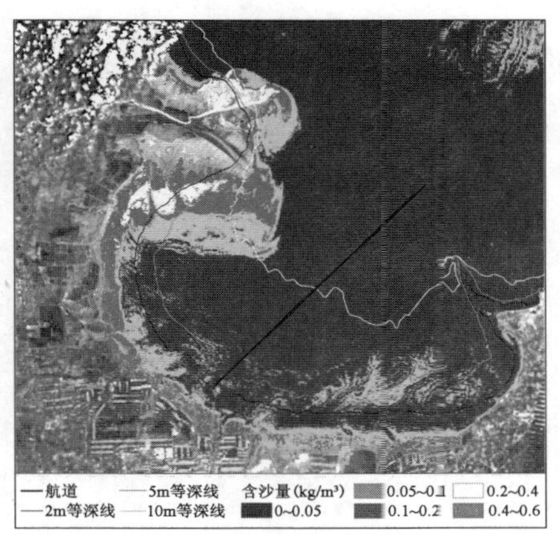

图3.14　莱州湾海域遥感图像及悬沙分布（2007-07-17　大潮落潮末期）风况：风向SW；风速5m/s

为进一步分析扩散泥沙对莱州湾中东部影响，从上述遥感影像中选取了

2009 年 2 月和 2012 年 1 月遥感影像,分析沿潍坊港中港区航道含沙量变化。沿航道截取三个断面数据,断面从潍坊港现口门至航道末端,断面 2 位于航道中心线,断面 1 和断面 3 以间距 1km 平行断面 2 布置在西、东两侧。三个断面的分布如图 3.23 所示。各断面含沙量沿程分布如图 3.24 和图 3.25 所示。可见:

(1)冬季寒潮大风作用下航道的表层悬沙含量相对较大。

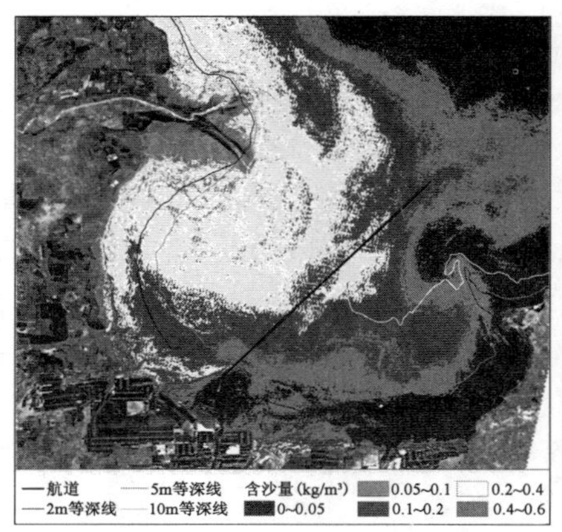

图 3.15　莱州湾海域遥感图像及悬沙分布
(2009-02-20 中潮落潮初期)
风况:风向 ESE;风速 12m/s

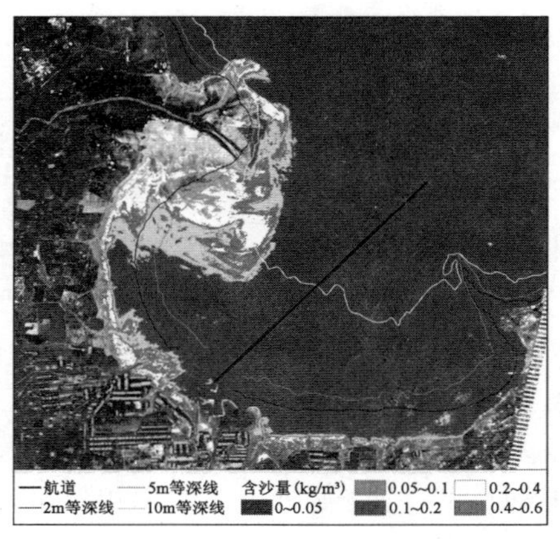

图 3.16　莱州湾海域遥感图像及悬沙分布
(2010-09-11　大潮落潮末期)

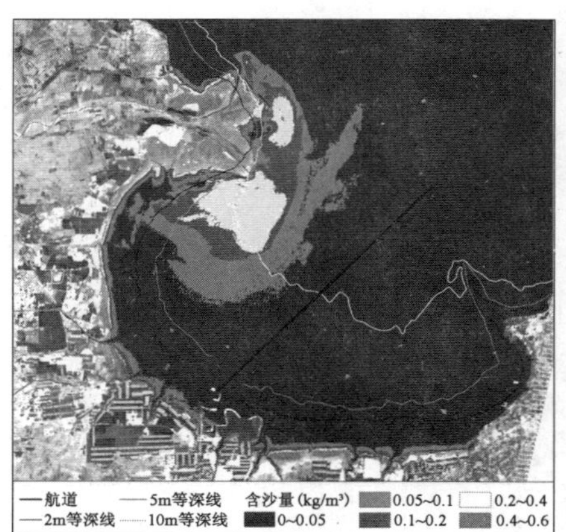

图 3.17　莱州湾海域遥感图像及悬沙分布
(2011-03-30　中潮落潮初期)

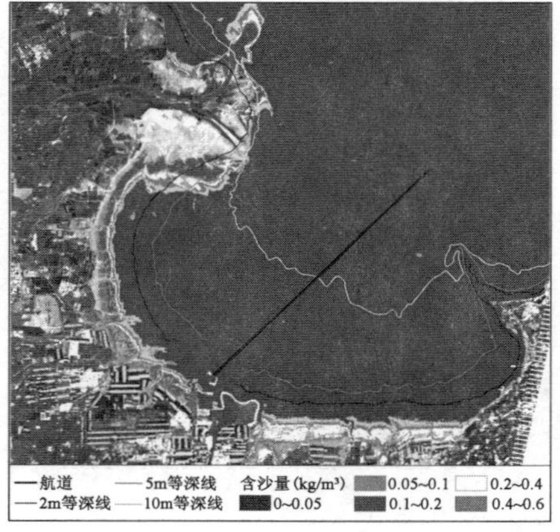

图 3.18　莱州湾海域遥感图像及悬沙分布
(2011-09-22　小潮落潮中期)

(2)外航道沿程含沙量有中间大、两头小的趋势,这与黄河水下三角洲泥沙主要向莱州湾中心扩散趋势有一定关系。从 2012 年 1 月图可知,航道 30 ~

45km 段受黄河口泥沙扩散影响较大，平均含沙量大于 0.1kg/m^3；10 ~ 30km 和 50km 以外含沙量较小，在 0.05kg/m^3 左右。

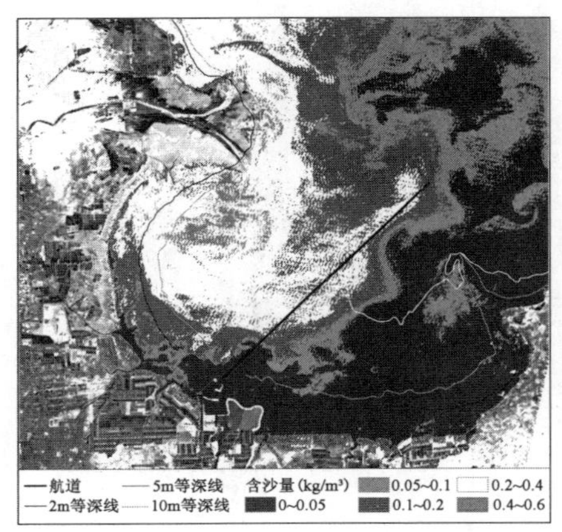

图 3.19　莱州湾海域遥感图像及悬沙分布（2011-12-11　大潮涨潮中期）

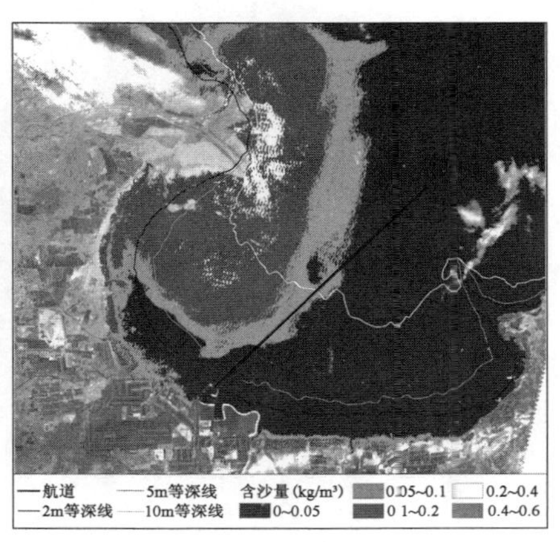

图 3.20　莱州湾海域遥感图像及悬沙分布（2011-12-27　中潮涨潮中期）

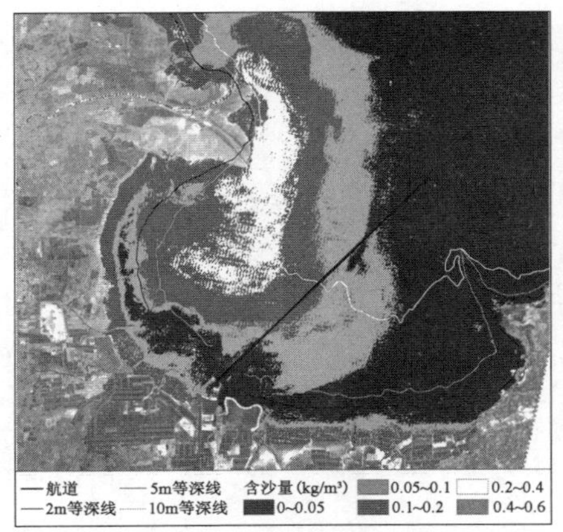

图 3.21　莱州湾海域遥感图像及悬沙分布（2011-01-12　中潮涨潮中期）

图 3.22　莱州湾海域遥感图像及悬沙分布（2012-04-01　小潮落潮中期）

（3）三个断面对应位置含沙量接近，差别较小。2009 年 2 月数据中，断面 3 比断面 1 和断面 2 略小，可能与航道正处于泥沙扩散的边缘有关。

这里必须指出卫片的收集带有随机性，卫片成像时间不一定与大风浪出现的时间同步。另外，由于缺少实测含沙量资料，卫片在反演含沙量过程参考其他港口参数，反演含沙量与实际含沙量存在一定偏差，但从含沙量相对大小变化来讲，仍可做出一些基本判断。

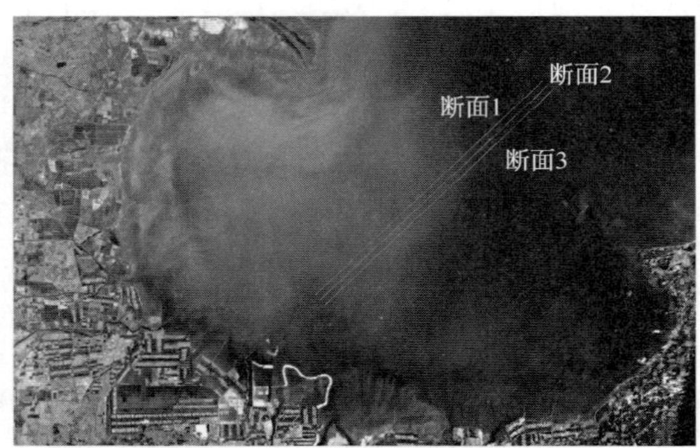

图 3.23　潍坊港中港区断面布置示意图

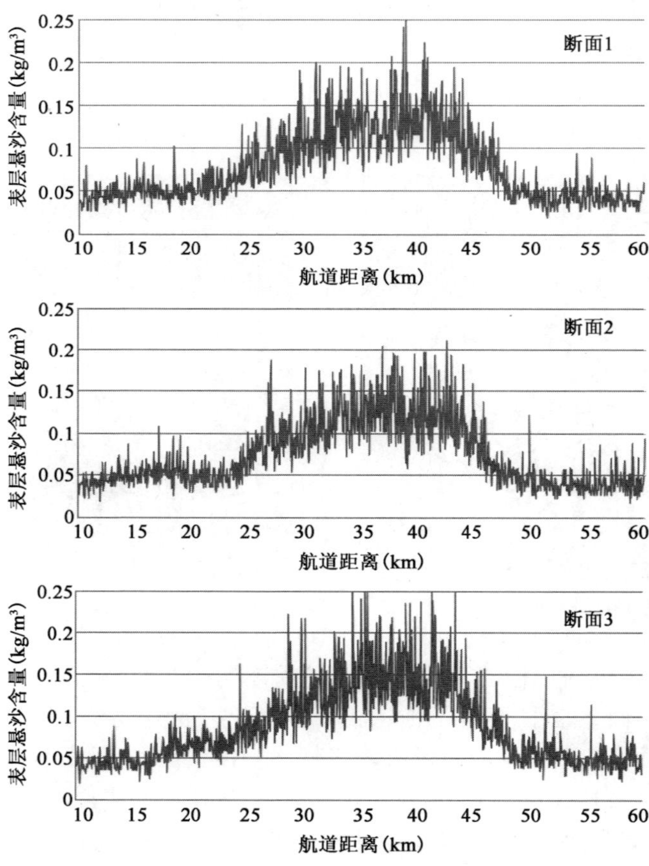

图 3.24　2012 年 1 月 12 日遥感影像表层悬沙含量航道沿程分布

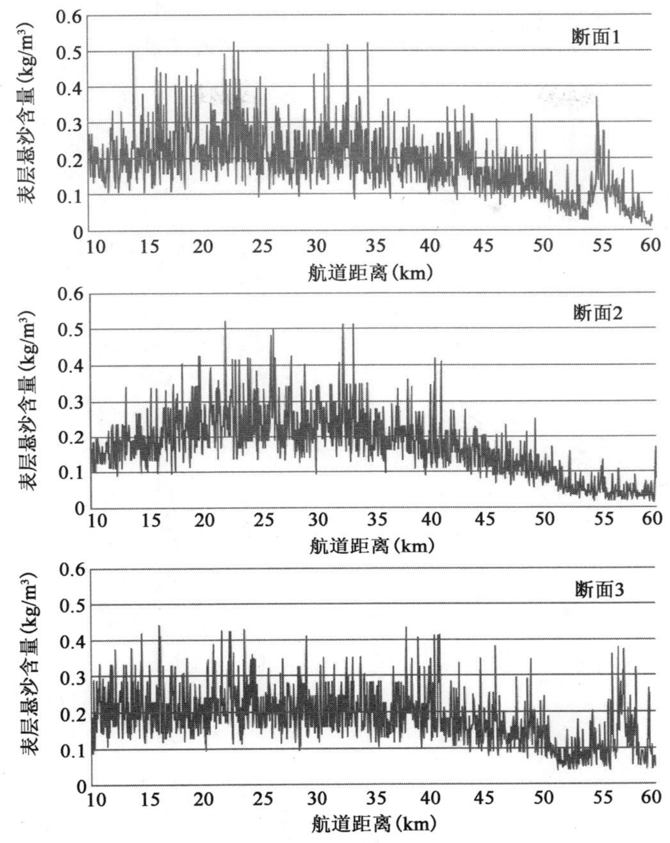

图 3.25 2009 年 2 月 20 日遥感影像表层悬沙含量航道沿程分布

综合来看,在黄河口三角洲影响区,大风时黄河口泥沙扩散可直接影响潍坊港外航道,某些情况下呈现外航道中间段含沙量大、两端含沙量小的趋势,更精确的定量判断还需深入研究。

3.3 泥沙来源及运移趋势

3.3.1 泥沙来源

莱州湾泥沙来源具有多样性,概括起来有以下几部分:

(1)河流输沙

河流输沙是莱州湾沉积物的最主要来源。在全国海湾中,莱州湾是入海河流最多、接纳陆地入海泥沙量最大的海湾。黄河是莱州湾的主要泥沙供应者，占所有河流入海泥沙量 99.75%。这些河流大多注入莱州湾顶以西海域，而莱州湾东岸则主要是山溪性雨源小河，比降大，入海物质粗。莱州湾东岸诸河入海泥沙量为 60 万 ~90 万 t/a，与莱州湾南岸和西岸相差甚远。海湾东西部入海泥沙粗细的差异，使海岸地貌迥然不同。

(2)海岸侵蚀来沙

波浪和海流不断侵蚀海岸，使海岸不断向后退向海湾供沙。目前，这部分泥沙主要来自海湾东岸，其数量与河流输沙相比甚微。

(3)风沙入海

本区春、冬季节天气干燥，大风频起，将陆地一部分泥沙吹扬入海，形成海底沉积物，但这部分泥沙量较少。

(4)海底侵蚀来沙

海底侵蚀来沙很少，主要位于屺姆岛头海域。受岛头挑流和波能的幅聚作用，岛头海域海底受侵蚀，其物质向两侧扩散，其量甚微。

(5)其他来源

海洋生物遗壳也参与了沉积作用，河口的牡蛎礁、岸边的贝壳堤中贝壳及碎片均为海洋沉积物的组成部分。

3.3.2 泥沙运移趋势

本区的常浪向和强浪向均为 NE 向，在这种动力条件作用下，莱州湾东岸的泥沙向西南运动，莱州湾西岸的泥沙向南运动，泥沙运动方向均指向湾顶。

黄河口泥沙入海后，随波浪和潮流运动，受往复流动且流速较大的黄河口口外海流作用，黄河入海泥沙随海流向河口两侧运动，但从沉积物分布情况看，主要向南运移。

夏、秋季黄河入海泥沙主要沉积在河口外缘，形成河口前缘堆积体。而冬、春季则是破坏改造三角洲过程，泥沙在强风浪作用下向南运移，堆积在莱州湾西南角，一部分向东北运移，并逐渐沉积。

4　莱州湾泥沙环境及岸滩演变

4.1　地　　貌

本区以郯庐大断裂带为界，两侧地貌上明显不同。断裂的东部为上升区，沿岸多低缓丘陵，沙嘴、沙坝和泻湖十分发育，是典型的对数螺旋形沙质海岸；西部为沉陷区，地貌上属黄河复式三角洲的一部分，由于受黄河泥沙的影响，沿岸多为被海洋动力改造的黄泛平原，沉积层厚，地面坡度平缓，沉积物主要由淤泥、泥质粉砂及粉砂质泥组成；莱州湾南部湾顶岸段，主要受沿岸几条入海河流来沙的影响，部分湾底泥沙受海洋动力作用参与了沿岸地貌的塑造，广泛发育了全新世中期以来形成的海积平原。莱州湾海底属水下三角洲和浅海堆积平原，滨岸为水下岸坡或浅滩。

莱州湾沿岸的地貌分陆地地貌、埋藏地貌、海岸地貌三大类。陆地地貌中，以堆积平原分布面积最广；埋藏地貌以埋藏古河道为主，这是海水入侵内陆的主要通道；海岸地貌的划分，不同学科领域内有不同专业用语及划分标准，各相近学科划分虽有相同处，但往往概念不一样，不可混淆。本文主要侧重从港航工程泥沙方面考虑，故对海岸划分采用港航专业标准，港航工程界将泥沙海岸分为淤泥质海岸、粉沙质海岸和沙质海岸三类（表4.1）。

海岸类型划分　　表4.1

基本特征	海岸类型		
	沙质海岸	粉沙质海岸	淤泥质海岸
沉积物中值粒径 D_{50}	$D_{50}>0.10$mm	$0.10\text{mm}>D_{50}>0.03$mm	$D_{50}<0.03$mm
沉积物黏土含量(%)	—	<25	>25
泥沙运动特征	颗粒间无黏着力，呈分散状态；波浪是泥沙运动的主要动力，泥沙运动主要发生在破波带以内，以推移质为主要形式运行	颗粒间有一定黏着力，干燥后黏着力消失，呈分散状态；在强波浪动力作用下，泥沙以悬移质、推移质和底部高含沙层为主要形式运行	颗粒间存在较强黏着力，在盐水中絮凝现象明显；泥沙运动形式以悬移质为主

续上表

基本特征	海岸类型		
	沙质海岸	粉沙质海岸	淤泥质海岸
海岸特征	在高潮线附近，泥沙颗粒较粗，海底坡度通常大于1/100；从高潮线到低潮线，海底坡度变缓；在波浪破碎带附近常出现一条或几条平行于海岸的沙坝	海底坡度较缓，通常小于1/400，水下地形无明显起伏现象	海底坡度平缓通常小于1/1000，水下地形无明显起伏现象

有关泥沙的分类，目前我们常用两种分类法，一种是地学中根据泥沙塑限、液限等指标将泥沙按颗粒大小分为黏土、粉砂和砂三大类，进一步细分为13类。另一种是工程界根据泥沙水动力特性（沉降、起动和输移）按有无絮凝将泥沙分为黏性沙和非黏性沙两类，并采用不同的研究方法。絮凝的粒径分界线为0.01～0.03mm。泥沙分类见表4.2。

泥沙分类对照表 表4.2

粒径范围（mm）	分类		按黏性分类
1.00～2.00	极粗砂	砂（0.062～2.00）	非黏性沙
0.50～1.10	粗砂		
0.25～0.50	中砂		
0.125～0.25	细砂		
0.062～0.125	极细砂		
0.031～0.062	粗粉砂	粉砂（0.004～0.062）	
0.016～0.031	中粉砂		黏性沙
0.008～0.016	细粉砂		
0.004～0.008	极细粉砂		
0.002～0.004	粗黏土	黏土（0.00024～0.004）	
0.001～0.0002	中黏土		
0.0005～0.0010	细黏土		
0.00024～0.0005	极细黏土		

对比海岸划分及泥沙分类，粗略来看，沙质海岸沉积物主要是细砂以上；粉沙质海岸沉积物主要是粗粉砂以上，包含部分极细砂范围；淤泥质海岸沉积物主要是中粉砂以下。

由此划分，莱州湾海域主要有粉沙质海岸、沙质海岸及基岩质海岸三种。

（1）粉沙质海岸

西起小清河口，东至虎头崖，全长约100km。由于沿岸地势低平，历来是风暴潮侵袭最严重的地区。不同岸段因动力条件有所差异，分别呈现出岸线推进或后退的特征。小清河口至白浪河口为弱冲蚀海岸；白浪河口至胶莱河口为基本稳定海岸；胶莱河口至虎头崖为蚀退海岸。

（2）基岩海岸

依据物质组成的不同又分为两种类型：

①基岩海岸

由变质岩、玄武岩等坚硬岩石组成，受海浪强烈淘蚀，岩壁崩塌后退，在陡崖下形成数十米宽的海蚀平台和砾石滩，并沿岸形成海蚀穴，海蚀壁龛等地貌。

②黄土台地海岸

组成物质为晚更新世冲、洪积黄土类土，主要分布在海新庄——海庙口及梁家口——泊子一带。由于近海岸形成的黄土堆积台地伸至岸边并插入海中，而造成台缘黄土崩落，构成了接近竖直、陡立的黄土海蚀崖，成为我国罕见的独特的海岸黄土地貌景观。

（3）沙质海岸

分布于莱州湾东岸除基岩海岸以外的其他岸段，呈现出开阔、平直的沙质海岸与曲折的基岩海岸相间分布的特征。其中刁龙嘴至梁家口一带沙坝——潟湖海岸发育，在这里由入海河流携带的大量泥沙在沿岸流作用下形成羽状沙嘴和沙坝，在沙坝或沙嘴内侧形成断续分布的潟湖带。本区海岸带发育过程有沙坝潟湖型和沙嘴潟湖型之分、沙坝内侧全新世海侵的古海湾、古潟湖发育，靠近河口地段的岸线向海推进现象明显。三山岛—青鳞铺一带，刁龙嘴式的沙嘴—潟湖海岸最为典型。在风和波浪作用下，沙嘴末端冲淤变化明显，据有关部门测算，刁龙嘴从1952—1976年，末端向西延伸了100m左右。

4.2 海岸侵蚀、淤积性质

4.2.1 莱州湾西岸

莱州湾西岸的海岸线变化受到黄河口演变的显著影响，变化幅度较大。从1958—1984年，原海岸线最凹处大幅度向海淤进，并逐渐向前突出于莱州湾中；从1984—2002年，巨大的河口沙嘴逐渐形成，并且逐渐向右偏转发育，海岸线随之变化；从 2002—2009 年，河口沙嘴处发生明显的侵蚀后退，而同期沙嘴两侧南北向岸线则基本固定不变。

4.2.2 莱州湾南岸

莱州湾南岸是海岸侵蚀较为严重的岸段之一。1987 年，王文海就该区域入海河流上游修建水库导致的海岸侵蚀进行过研究；1994 年，吴桑云等曾报道 9216 号风暴潮期间莱州湾南岸的海岸侵蚀；1999 年，夏东兴等曾对这一区域 1954—1976 年 22a 的海岸侵蚀作过报道。2006 年，丰爱平利用历史资料对比的方法，对 1958—2004 年莱州湾南岸的海岸侵蚀过程进行分析，并估算了各因素对莱州湾海岸侵蚀影响的权重，其结论如下。

1958—1984 年，莱州湾南岸岸线平均侵蚀后退速率为 27m/a，0m 等深线后退速率为 27～65m/a，岸滩平均蚀低速率为 2.1cm/a（图 4.1，表 4.3）；1984—2004 年，岸滩平均蚀低速率为 1.04cm/a，水深 5m 以浅的区域表层沉积物变粗，海面相对上升、入海泥沙量减少和风暴潮是研究区海岸侵蚀主要原因，三者对海岸侵蚀影响权重比为 3∶5∶2。

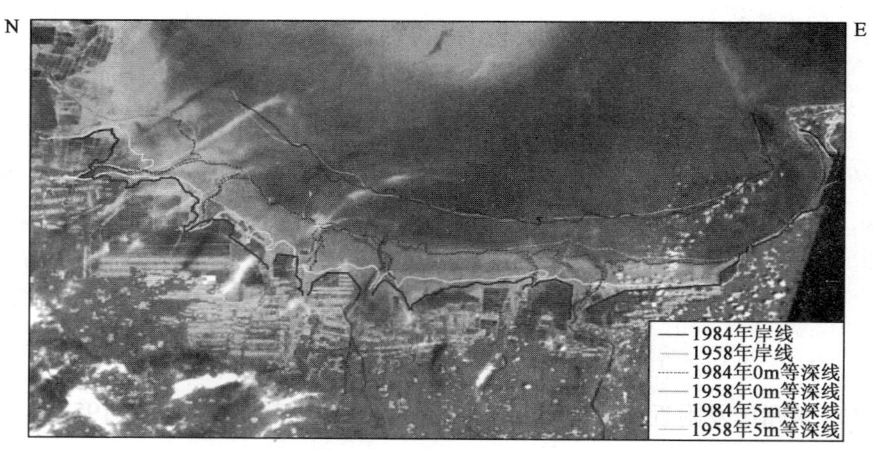

图 4.1 研究区 1958—1984 年岸线、等深线变化图

1958—1984 年南岸侵蚀状况 表 4.3

区　　段	长度（km）	侵蚀速率（m/a）	平均侵蚀速率（m/a）
小清河口至弥河口	26.4	19～35	24
新弥河口西侧	16.1	31	31
新弥河口至虞河口	11.4	42～104	65

续上表

区　　段	长度(km)	侵蚀速率(m/a)	平均侵蚀速率(m/a)
虞河口至潍河口	28.8	31～92	41
潍河口至北胶莱河口	9.8	46	46
北胶莱河口至沙河口	15.2	23～46	27
合计	107.7		

从1984—2002年，人类对南岸海岸的改造利用活动加剧，主要表现在大量挖造盐田、养殖池和修坝、防潮固滩等方面，又导致南部海岸线整体向海推移。

4.2.3 东岸

1958—1984年，龙口湾顶由于人工码头等建筑，岸线变化曲折复杂。但湾顶由于北部屺姆岛的阻挡，波流作用小，基本无泥沙进出。在界河口周围的海岸遭受一定侵蚀，26年来后退达到627m，蚀退率为24m/a。招远度假村周围及石虎嘴东北端岸段处于淤积状态，26年来分别淤积153m、315m，淤积率分别为6m/a、12m/a。1984—1991年，除了招远度假村岸段及界河口岸段遭受侵蚀外，其他岸段岸线变化不大。1991—2006年除龙口湾顶外，其他岸段都遭受不同程度的侵蚀，其中招远度假村岸段侵蚀最厉害，16年来岸线后退380m，蚀退速率为25m/a。

4.3 莱州湾沿岸地貌演变趋势分析

4.3.1 海图资料

(1)莱州湾及附近海图(编号1224)，由海军司令部海道测量局1953年9月刊行，采取1935年日版海图及1950年英版海图资料调制，比例尺1:25万。

(2)老黄河口至龙口港(包括莱州湾)海图(编号15－1010)，由海军司令部航海保证部编制，1971年8月出版，海域在1958～1959年测量，比例尺1:15万。

(3)莱州湾海图(编号11840)，由海军司令部航海保证部编制，2002年1月出版，工程区水深在1984年测量，比例尺1:15万。

(4)莱州湾海图(编号11840)，由海军司令部航海保证部编制，2005年10月出版，工程区水深在2002年测量，比例尺1:15万。

4.3.2 莱州湾海域海岸演变特征

依据以上海图资料，对黄河口至胶莱河口海域的0m、2m、5m、10m等深线及岸线进行了套绘，等深线对比图见图4.2。

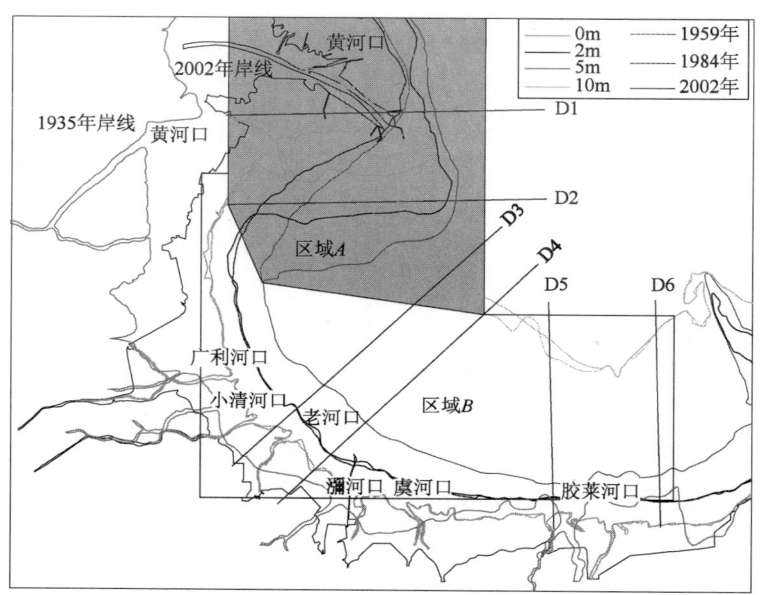

图4.2 黄河口至胶莱河口海域等深线对比图

从图4.2可以看出，黄河口至胶莱河口海域，按等深线走向的明显变化及淤积强度区域分布的差异性，大致可以划分为两个区域。灰色区域*A*位于莱州湾海域近岸区的北部，等深线1984—2002年一直向外迅速推进，基本以清水沟老黄河入海口为轴线向SE延伸。各等深线1984—2002年累计向外推进距离分别为，0m等深线8.7km，2m等深线13.6km，5m等深线14.7km，10m等深线12.9km，其主要原因是1976年黄河人工改道清水沟后，黄河来水来沙在河海相互作用和河口锋的屏蔽作用下，大量入海泥沙在河口区附近堆积，使得河口沙嘴快速向海延伸。白色区域位于莱州湾海域近岸区的中东部，等深线淤涨速度较区域*A*大大减小，1959—2002年5m等深线最大外推距离只有2km左右，平均46m/a，1959—1984年10m等深线向内蚀退最大距离为3km左右，平均117m/a。从图上可以看出，白色区域*B*正是潍坊港海区所处工程海域，与区域A相比，等深线变化幅度与速率已大大减小，可以认为处于动态平衡之中。同时，0m等深线自D2断面以南1959年后有所蚀退，分析其原因为，在区域*A*沙嘴泥沙大量

堆积形成的岬角效应及泥沙来源有所减少的双重作用下，由于泥沙补给不足而使滩面有所蚀退。

图4.3为黄河口至胶莱河口海域岸线对比及固定断面布置图，从图上可以看出，*A*点是海岸线淤进、蚀退的分界点，*A*点以北，海岸线1935—1984年一直处于缓慢的淤进之中；*A*点以南，海岸线则总体上以蚀退为主。海岸线变化的平面趋势为，以*A*点为界，向北淤进距离逐渐加大，至清水沟老黄河入海口达到最大，此处1935—2002年累计淤进距离为36.2km，从老黄河口向北再逐渐减小；以*A*点为界，向南蚀退距离逐渐加大，至胶莱河口达到最大，此处1935—2002年累计蚀退距离为10.5km，再向南逐渐减小，至虎头崖岸线基本稳定。从时间趋势上看，1935—1959年南部海岸线变动幅度较大，1984—2002年则以老黄河口形成的沙嘴南北区域变动较大。同时，由于*A*点以南海岸线后退影响，莱州湾海域的几个主要河口均发生摆动，如广利河口、小清河河口总体上向南摆动，潍河口、胶莱河口总体上向东摆动。

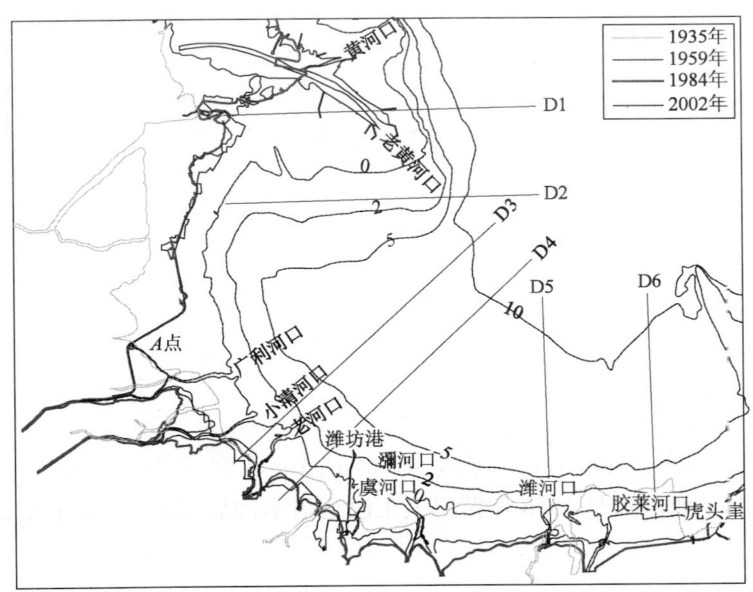

图4.3 黄河口至胶莱河口海域岸线对比及固定断面布置图

通过进一步分析可以发现，莱州湾海域河口地区岸线相对其他岸线段变动较为明显，当1953年黄河入海口北移后，*A*点南侧的岸线1959—2002年较1935—1959年变化范围及幅度已大大减小。因此，潍坊港海域岸线稳定的前提是黄河口以现清8入海口位置保持不变，如河口位置北移，则海岸线更加稳定；

如果河口位置南移，则势必影响本海区海岸线稳定。

第三届黄河国际论坛(2007 年)中的《黄河河口河道治理历程及治理对策研究》《黄河河口清水沟流路行河年限研究》两篇论文，均一致认为，在有计划地安排入海流路并采取一定的工程措施的条件下，清水沟流路将在 50 年或更长时间内保持稳定，同时将刁口河流路作为备用流路。因此从黄河流路变迁这一角度来看，本海区岸线将在长期内保持稳定。

4.3.3 莱州湾海域海床冲淤变化

为了说明莱州湾海域水深的垂向变化趋势，在黄河口至胶莱河口海域沿岸线纵向布设了 6 个断面，图 4.4 ~ 图 4.9 可以看出，从 1959 ~ 2002 年期间，河口沙嘴外等深线一直处在向外快速推进状态之中，海床地形则表现为持续的淤涨趋势，－14m 等深线以外水深则基本保持稳定。从图上还可以看出，在－10m 等深线以浅，1959 ~ 1984 年海床淤涨速率明显高于 1984 ~ 2002 年的淤涨速率；在在－10m 等深线以深情况则恰恰相反。这种情况说明在相同的水动力条件下，海床淤涨选择更加容易的方式，即泥沙更倾向于在离岸区堆积。

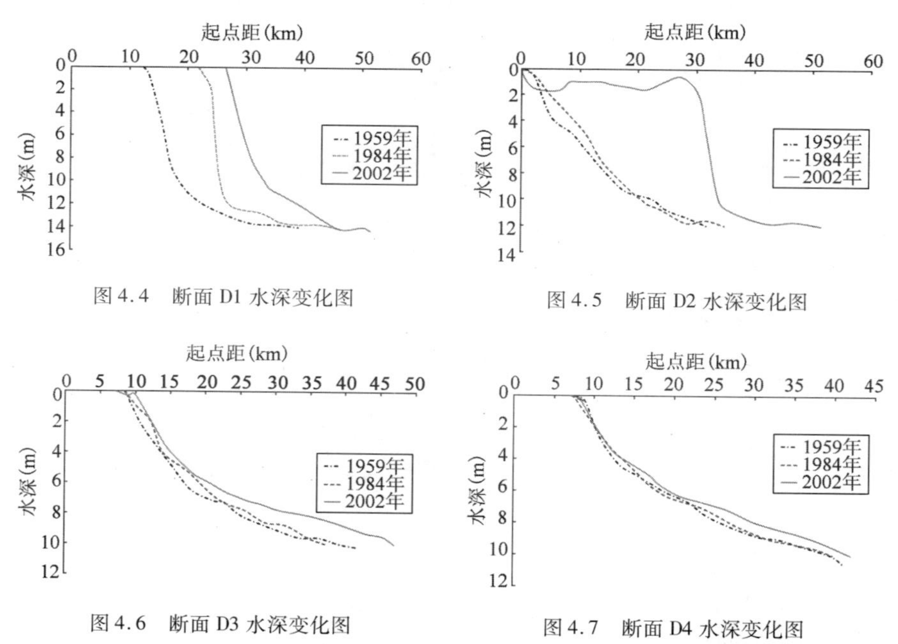

图 4.4　断面 D1 水深变化图

图 4.5　断面 D2 水深变化图

图 4.6　断面 D3 水深变化图

图 4.7　断面 D4 水深变化图

断面 D2 布设在断面 D1 南侧 13km 处，从图 4.4 可以看出，1959—1984 年之间，－10m 等深线以内海床表现为略微的淤涨，－10m 等深线以外则表现为略微

的冲刷;1984—2002 年在 -2 ~ -10m 等深线之间存在一个巨大的堆积体,堆积体自断面 D1 开始至断面 D2 达到最大,再向南逐渐减小,至距断面 D2 南侧 11km 位置 -5m 等深线处消失。也就是说,自黄河老入海口开始,向南 24km 海域 1984 年后海床一直处在持续的淤涨之中,这种趋势是否在继续以及是否向东发展,还需要资料加以验证。

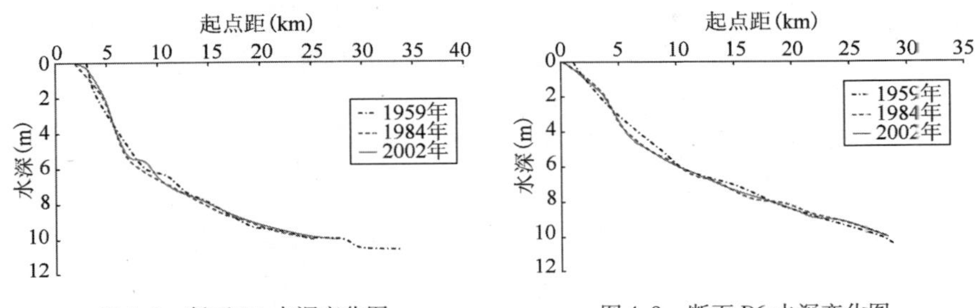

图 4.8　断面 D5 水深变化图　　　图 4.9　断面 D6 水深变化图

断面 D3 ~ D5 布设在小清河口至胶莱河口,基本对应潍坊港的西、中、东港区。断面 D6 布设在胶莱河口以东 15km 处。从图 4.7 ~ 图 4.10 可以看出,1959—1984 年,D3、D4 断面海床略有升高,1984—2002 年则以 -5m 等深线为界,在 -5m 等深线以内,表现为海床基本稳定或略有抬高, -5 ~ -10m 等深线间,海床呈抬高趋势,但幅度较 D2 已大为减小,且自 D2 ~ D4 呈持续减少的趋势。从图 4.8、图 4.9 可以看出,断面 D5、D6 的水深多年来基本稳定。

从断面水深变化趋势可以看出,潍坊中港区以西,受黄河口泥沙扩散、沉积影响,海床一直处于持续淤涨之中,这种趋势还将持续,潍坊中港区以东海床则基本保持稳定。

5 莱州湾海冰概述

5.1 海冰的形成原因

莱州湾沿岸每年都有冰冻出现。这是因其地理环境和受冬季气候条件的影响所致。冬季,在欧亚大陆寒冷气团的侵袭影响下,莱州湾及其沿岸最低气温可达 -15℃以下,1 月平均气温多在零下 2 ~ 4℃之间。气温低,是海水结冰的决定因素。同时,莱州湾是半封闭的内陆浅海,深度小、盐度低,与外海海水的交换受到一定限制,沿岸附近海底平坦,滩涂广阔,在寒冷天气的影响下,海水容易大量失热而结冰。

5.2 渤海海区的冰期和冰情

渤海海区每年都有不同程度的冰情,一般年份,沿岸结冰不太严重,对船舶航行和海上生产影响不大,而在特殊寒冷的年份,冰凌对港口的正常运营以及港口建筑物的安全均有直接影响。

1)冰期

每年冬季第一次出现海冰的日期称为初冰日,翌年海冰最后消失的日期称为终冰日,其间时间间隔称为冰期。按照海冰形成、发展和消失的特点,又将冰期划分为初冰期、盛冰期和融冰期三个阶段,盛冰期是一年中冰情最严重的时期。表 5.1 给出了塘沽、黄骅港、岔尖和龙口各海区历年平均冰期。

不同海区冰期统计表　　表 5.1

海　区	初冰日	盛冰日	终冰日	冰期(d)			
				最长	最短	平均	盛冰期
塘沽	12 月 20 日	1 月 20 日	2 月 22 日	109	34	63	21
黄骅港	12 月 10 日	12 月 26 日	3 月 10 日	105	83	92	58
岔尖	12 月 8 日	12 月 21 日	2 月 21 日	108	67	90	53
龙口	12 月 27 日	12 月 5 日	2 月 5 日	97	0	62	18

莱州湾海区海冰的形成和发展，主要取决于气温条件，特别是冷空气入侵造成的严重低温，是海水结冰的决定因素。从表5.1可以看出，位于渤海湾南岸的黄骅、岔尖两海区平均冰期为90天；位于莱州湾东岸的龙口，平均冰期为62天；潍坊港的冰情又显然重于龙口，平均冰期为两个半月。

盛冰期是一年内冰情最严重的时期，与初冰期相比冰情较为稳定。盛冰期的冰量大，类别复杂，冰块面积和厚度变化较大，堆积重叠现象比较严重。一般年份，莱州湾于12月中旬开始结冰，翌年2月下旬海冰消失，冰期为两个月左右，其中1月至2月上旬的20~30天时间为盛冰期。

2）冰区宽度与冰厚

渤海海区正常年份固定冰宽度为2~10km，冰的厚度一般为10~40cm，最大50cm左右，流冰外缘线分布大致与海岸平行，流冰分布于固定冰区之外，大多距岸20~40km，流速50cm/s左右（图5.1）。

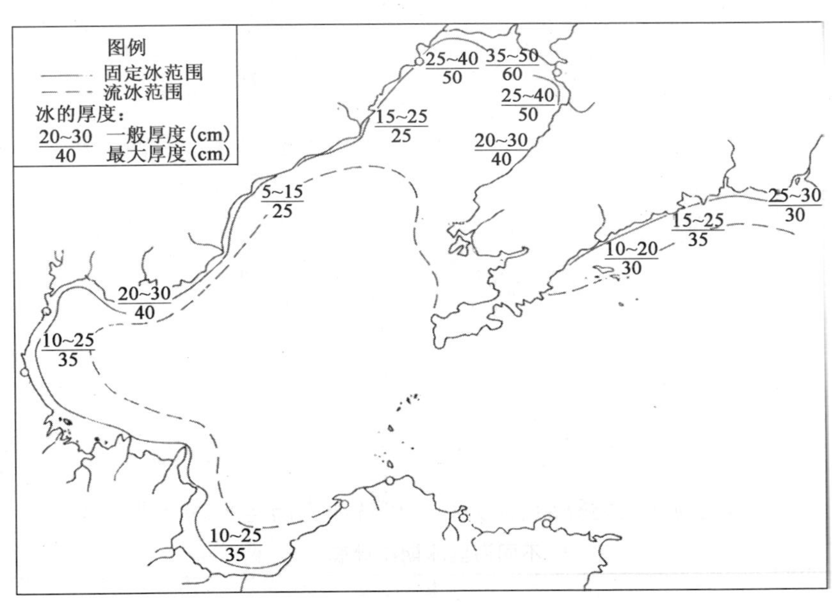

图5.1 常年渤海和黄海北部冰情分布示意图

重冰年冰期与常年冰期无大差别，重冰年主要特点是：盛冰期持续时间较长，结冰范围大，可达整个渤海海面的70%以上，冰层厚，冰质坚硬，堆积现象严重，破坏力大。20世纪曾发生四次特大冰情，即1936年、1947年、1953年和1969年。图5.2为1936年渤海湾冰情分布图，堆积严重结冰区可达整个莱州湾的54%。

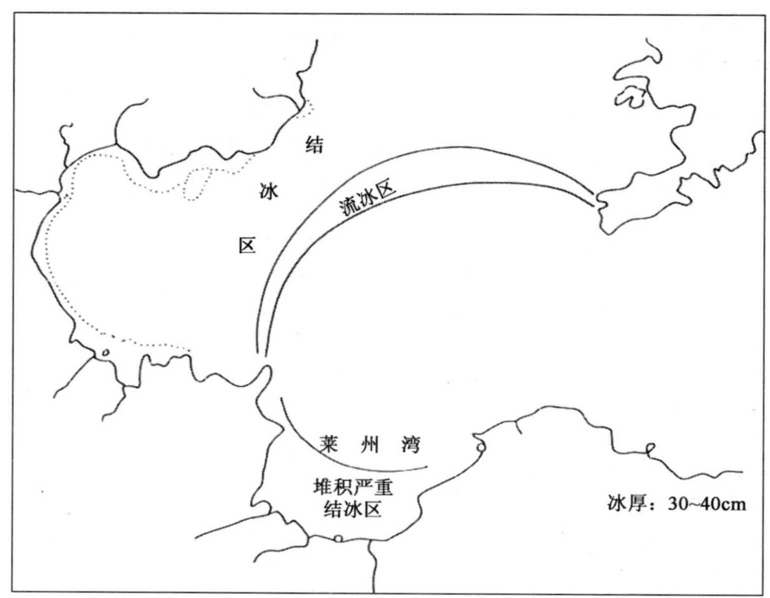

图 5.2　1936 年渤海湾、莱州湾冰封严重期冰情分布示意图

5.3　莱州湾海冰的冰情

5.3.1　一般年份冰情

1973 年中国国家海洋局制定的《中国海冰情预报等级》将海冰划分为Ⅰ、Ⅱ、Ⅲ、Ⅳ、Ⅴ 5 个冰情等级，并且规定了莱州湾各海冰等级对应的结冰范围（包括固定冰和流冰）和冰厚（表 5.2）。各等级海冰的海面结冰情况和对海上交通运输的影响如下：Ⅰ级海冰只有近岸海面结冰、Ⅱ级海冰在近岸和离岸较远海面都结冰，Ⅰ、Ⅱ级海冰都不影响通航；形成Ⅲ级海冰时莱州湾大部分海面被海冰覆盖，一般会影响通航；Ⅳ、Ⅴ级海冰，莱州湾海面全部被海冰覆盖，明显阻碍通航，其中Ⅴ级海冰会形成严重灾害。

一般年份莱州湾海冰的宽度及最大冰厚如图 5.3 所示。

一般年份莱州湾形成Ⅲ级海冰，在不同岸段冰情有明显差异。莱州湾西部近岸海域（自黄河口到小清河口），12 月上、中旬开始结冰，翌年 3 月上旬海冰完

全融化，冰期约 90d，其中 1 月下旬至 2 月中旬大约 1 个月时间为盛冰期。在盛冰期莱州湾西部沿岸固定冰的宽度一般 1 ~ 3km，河口、浅滩附近固定冰的宽度可达 10km 以上，固定冰的厚度一般 15 ~ 25cm，最厚 40cm 左右。海岸附近实测的固定冰堆积厚度多在 1m 左右，最大堆积厚度达 3m 以上。在盛冰期莱州湾西部近岸海域固定冰的外侧分布流冰，流冰外缘线离岸 15 ~ 25n mile，流冰的漂流方向大致与海岸平行或者与最大潮流方向一致，漂流速度一般在 1kn 以内，最大可达 2 ~ 3kn。

莱州湾的冰情等级划分 表 5.2

等级	冰情	初冰日	终冰日	冰期（月）	结冰范围（n mile）	冰厚（cm）
Ⅰ	轻年	1 月初	2 月中	2	<5	<10，最大 20
Ⅱ	偏轻年	1 月初	2 月中	2	5 ~ 15	10 ~ 15 最大 20
Ⅲ	常年	12 月中	2 月末	3	15 ~ 35	15 ~ 25 最大 20
Ⅳ	偏重年	12 月初	3 月初	4	25 ~ 35	25 ~ 35 最大 20
Ⅴ	重年	12 月初	3 月初	4	>35	>35，最大 70

注：结冰范围是指固定冰加上流冰的宽度。

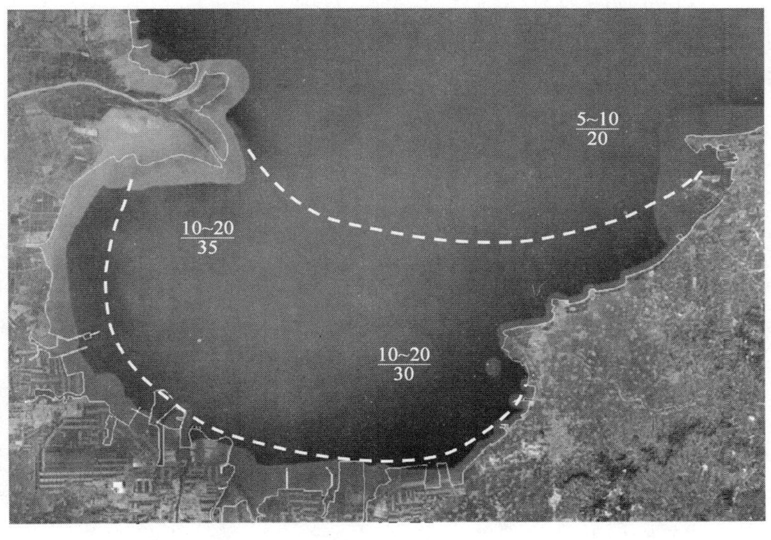

图 5.3　一般年份莱州湾海冰的宽度及最大冰厚（cm）

莱州湾南部和东部近岸海域（自小清河口到屺姆岛），一般每年 12 月上旬或下旬开始结冰，翌年2～3月海冰消失，冰期75～90d，其中1月下旬到2月中旬近1个月的时间为盛冰期。在盛冰期自小清河口到刁龙嘴一带有固定冰出现，固定冰的宽度一般在0.5km以内，河口浅滩附近固定冰的宽度可达2～5km，固定冰的厚度多为10～20cm，最厚35cm左右。刁龙嘴以北岸段一般没有固定冰出现。莱州湾南部流冰的外缘线距岸15～25n mile，流冰的漂流速度一般在1kn以内，莱州湾东部流冰的外缘线距岸10n mile左右，流冰的漂流速度最高可达2kn左右。

5.3.2 异常冰情及历史上发生的较大海冰灾害

在20世纪冬季偏暖的年份，莱州湾形成Ⅰ、Ⅱ级海冰，西部、南部没有固定冰形成，仅近岸海域有少量流冰出现，流冰的厚度一般在10cm以内，最厚20cm左右，流冰的外缘线距海岸不超过5n mile。在莱州湾东部流冰仅出现在岸边海湾和浅滩附近，大部分近岸海域没有固定冰形成。

在20世纪冬季异常寒冷的年份，受寒潮影响在莱州湾多次形成Ⅳ、Ⅴ级海冰，并形成较重的灾害。据文献记载，20世纪莱州湾发生的严重海冰灾害有：1936年1～2月，1947年2～3月，1957年1～2月，1969年2～3月和1980年2月等。在历次海冰灾害的盛冰期整个莱州湾海面都布满厚冰。其中，1936年1～2月莱州湾大部分海面被海冰覆盖，一般冰厚30～60cm，最大冰厚100cm，海冰堆积高度3.5m。1969年2～3月的冰情最为严重，期间莱州湾冰厚一般为50～70cm，莱州湾内普遍出现冰堆积现象，堆积高度一般为1～2m。

5.3.3 莱州湾发生的较大海冰灾害对生产和海洋环境的影响

20世纪80年代及以前莱州湾发生的海冰灾害主要对渔业捕捞作业和航运产生不利影响，造成港口停航。1936年1～2月有渔船被冻在海上，渔民在海冰上步行登岸脱险；有牛车在冰上从刁龙嘴行至附近的芙蓉岛。莱州湾东岸的龙口港在冰情严重的冬季，因偏西风带来流冰并积累、封冻造成的停航最严重。1951年1月1日至2月18日龙口港封冻，造成停航50d以上；1955年1月9日至2月2日龙口港封冻，停航近1个月；1963年停航1个月，1月龙口港停泊的千吨级货船“鲁航105”号被海冰推移搁浅，螺旋桨被毁。1966年2月1日因寒潮入侵，莱州湾于21～25日封冻，西南沿岸分布海冰宽度达7.5km，南岸分布固定冰宽度3～3.5km，东岸胶莱河口至三山岛岸段沿岸分布海冰宽度1～1.5km，海冰灾害影响400余条渔船，1500多船员被困，5名船员被严重冻伤，毁坏渔船2艘。1968年1～2月，龙口港共封冻4次，海冰宽度最大达10n mile以上，一般

冰厚 10 ~ 20cm，最大达 40 ~ 50cm，导致龙口港停航 50d 以上，3000 ~ 5000 吨级货轮不能出港，1 月 12 日，涨潮时带上的海冰冰块推倒了龙口港码头西端约 300m 长的围墙。1969 年 2 月上旬 ~ 3 月中旬，渤海发生特大冰封，封冻 40 ~ 50d，龙口港千吨级以下货轮不能通航。1980 年 2 月 8 日 ~ 2 月 25 日，龙口港封冻 18d，冰厚一般 10 ~ 20cm，最大 40cm，封冻造成龙口港停航 8d，“津海 105”号万吨级货轮在港外屺姆岛附近海面被困 4d。

6 莱州湾建港的特殊性

纵观渤海,莱州湾是整个渤海建港条件较差的地区:首先世界最大的携沙河流由此入海;其次莱州湾是整个国内风暴潮最为频发、最为严重的区域之一;同时莱州湾天然水深条件不好,滩宽水浅,平均水深不足8m。

6.1 黄 河 影 响

黄河是中国第二大河,以水少沙多、水沙异源著称。黄河流域可分为四个输沙模数不同的地区:河口镇以上2000~5000t/(km^2·a)、河口镇至龙门10000~20000t/(km^2·a)、龙门到三门峡2000~5000t/(km^2·a)、三门峡到花园口1000~2000t/(km^2·a)。

自1855年以来,黄河携带大量的黄土高原泥沙注入渤海,形成面积5000多平方公里的现代黄河三角洲。然而近年来黄河发生了显著变化,主要表现在以下方面:

(1)近50年来以来由于人类活动(大型水库修建,干流引水灌溉等)及自然因素的影响,使得黄河入海水沙量急剧减少,由1976—1996年年均的25.1km^3和6.34亿t降至1996—2003年的7.49km^3(29.8%)和1.50亿t(23.7%)。

(2)2000年以后,黄河入海水量在一年中的绝大部分时间都处于低流量(<500m^3/s)状态。

(3)黄河自1996年改走清8流路以来范围和路径都发生了明显变化。

(4)自2002年7月黄河水利委员会开始利用黄河干流的大型水库进行试验性调水调沙,以人造洪峰使得占全年20%以上的径流和30%以上的泥沙在短短的十几天之内被输送入海,也改变了黄河入海水沙的扩散态势。

6.1.1 黄河下游的河道变迁

黄河下游河道在新中国成立前的2000多年间,在华北大平原上变迁频繁,或东北流入渤海,或东南流入黄海,波及的范围,北达津沽,南达江淮,约有25万km^2。

黄河下游河道变迁的原因是多方面的,除了河道本身的自然变化之外,还有其他社会因素,一个时期河道维持时间的长短和当时对黄河修治与否有很大关系。历史上的人为决河，也能造成河道的变迁改道，如1128年的杜充决河和1938年的蒋介石决河等。

1855年黄河改道注入渤海，在黄河携带的大量泥沙作用下，黄河三角洲的向海淤进速率为每年$23km^2$。巨量的泥沙使得三角洲在快速淤进的同时，也造成河口向海延伸和河床抬高，当河道不能适应排沙泄洪要求时，水流将冲破自然堤或生产堤的约束，通过三角洲低洼地寻求新的路径入海，导致黄河尾闾的摆动。至20世纪80年代时，已经形成面积为$5200km^2$的黄河三角洲。黄河尾闾河道在三角洲频繁摆动，由于自然因素作用，黄河河道至1929年以宁海为顶点摆动5次；1934年以后其顶点下移至鱼洼地区，由于人为干预，河道摆动5次。历史上，黄河河口的流路在黄河三角洲上不断摆动。1949年以来，黄河河口流路有三次较大的改道，即1953年神仙沟改道，1964年钓口河改道和1976年清水沟改道。自1996年在保持原流路不变的情况下，改由清8断面偏向北入海(图6.1、表6.1)。

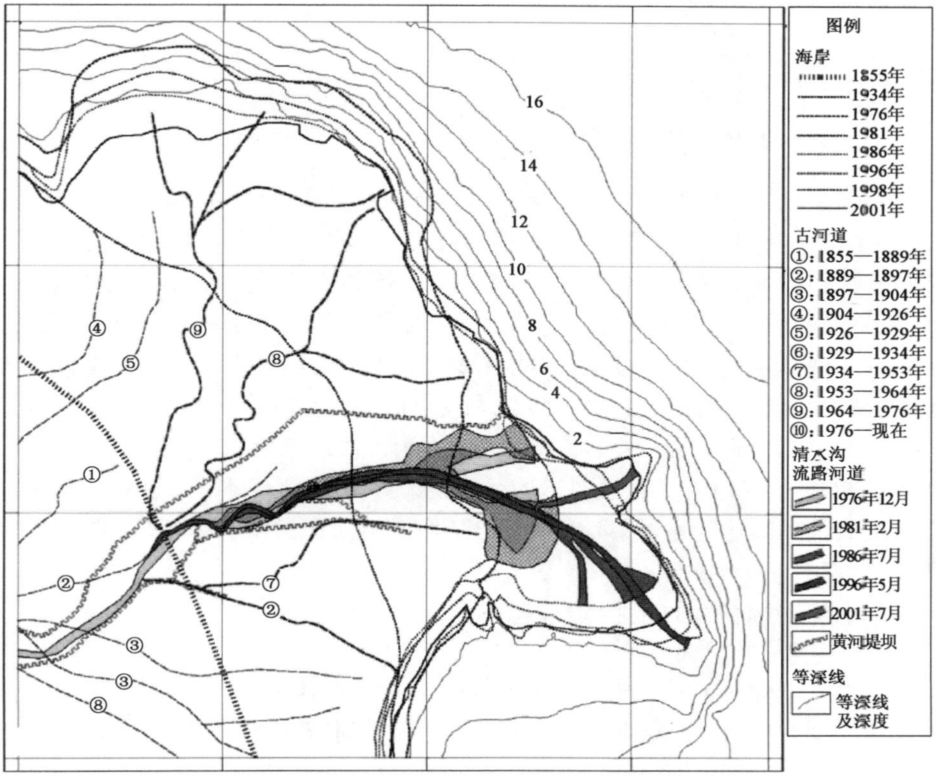

图6.1 现代黄河三角洲岸线及流路演变图

1855 年以来黄河入海口历次变迁情况　　表 6.1

次序	改道时间（年-月）	改道地点	入 海 位 置	流路历时	说　明
1	1855-07	铜瓦厢	利津铁门关以下肖神庙牡蛎嘴	33 年 9 个月	铜瓦厢决口
2	1889-04	韩家垣	四段下毛丝坨（今建林以东）	8 年 2 个月	决口改道
3	1897-06	岭子庄	丝网口（今宋家坨子）	7 年 1 个月	决口改道
4	1904-07	盐窝	老鸹嘴	22 年	决口改道
5	1926-07	八里庄	经汀河由钓口和东北入海	3 年 2 个月	决口改道
6	1929-09	纪家庄	南旺河、宋春荣沟、青坨子	5 年	决口改道
7	1934-09	李家呈子	老神仙沟、甜水沟、宋春荣沟	18 年 10 个月	决口改道
8	1953-07	小口子	神仙沟	10 年 6 个月	人工裁弯改道
9	1964-01	罗家屋子	钓口河河口与洼拉沟之间	11 年 4 个月	人工改道
10	1976-05	西河口	经引河、清水沟于甜水沟北入海	29 年 11 个月	人工改道
11	1996-06	清 8 断面	清水沟清 8 断面向北入海	1996 年 6 月至今	人工改汊

注："10、11"同属清水沟流路。

6.1.2　清水沟流路沙嘴的演变

黄河三角洲岸线及沙嘴的演变，从大格局上可分为两个时间段。一是淤进期：自黄河三角洲演变有较详细记载的 1954 年以来，当黄河自三角洲的某水域入海至改道前的时段内，尽管其间各年的来沙状况有所差别，三角洲向外延伸速度各不相同，但总体上表现为淤进的规律不变。二是蚀退期：当黄河改道后，由于泥沙来源断绝或者大幅度减少，此时影响三角洲发育的水动力及沙量两大因素中，从改道前的来沙量占主导，转化为改道后的水动力占优势，此时岸线则无例外的表现为蚀退。自 1976 年黄河从清水沟入海以来，河道基本固定，即使在以后的相当长时间内，黄河大改道的可能性十分微小，因此本节在进行沙嘴演变及黄河排沙对潍坊港水域影响等分析时，均以黄河在清水沟入海（流路大格局不变）为条件。

1）影响沙嘴发育的几个因素

（1）黄河来沙量对沙嘴延伸的影响

沙嘴的延伸与黄河三角洲的发育在性质上存在共性。即来沙量大，三角洲向外扩展的速度快，反之则慢；当来沙量减少到一定程度时，还将出现冲蚀后退现象。例如清水沟流路：1987—1996 年，来沙量介于 4.2 亿 ~ 4.9 亿 t/a 之间，属中等来沙状况，沙嘴相应的延伸速度为 1.35 ~ 1.97km/a；在 1985—1987 年及

1996～2000 年，年来沙量低于 3 亿 t，沙嘴则表现为蚀退。

(2)黄河泥沙入海时期对沙嘴延伸的影响

按照黄河泥沙入海淤积区域、沙嘴延伸的稳定性，以及是否人为控制，可将清水沟流路沙嘴的发育大体分为三个阶段。

①沙嘴发育的初期阶段(1976—1981 年)：河口水流散乱，无稳定流路，入海泥沙以造陆(岸线向外推移)为主，沙嘴向外延伸速度相对较慢，泥沙向外海的输送量较小。

②沙嘴发育的中期阶段(1981—1996 年)：自 1855 年以来，黄河在其三角洲区曾发生大、小改道数十次。改道的原因在于泥沙堆积—岸线延伸，从而导致坡降减缓，当阻力增加到一定程度后，将出现不能满足泄洪能力，此时洪水在三角洲原河道区泛流，最终寻其相对较短的新流路入海。因沙嘴的延伸而造成河床比降的减缓，尚未达到影响泄洪的极限值，此时沙嘴的延伸速度相对较快，即黄河所携带的入海泥沙，从“初期阶段”以造陆为主，转化为以沙嘴延伸为主。此后，由于沙嘴明显突出于岸线以外的波、流动力相对较强的深水区，致使泥沙出沙嘴后的流失量增大。

③沙嘴发育的后期阶段(1996—至今)：1976 年黄河从清水沟入海至 1996 年 6 月以前，一直保持着单一而稳定的入海通道，沙嘴平均延伸速度达 1.5km/a，净延伸总距离达 29.2km；沙嘴的快速延伸，导致近河口区比降减小，有利于行洪。1996 年 6 月人工在原流路的北侧沙嘴开口引黄入海，黄河从原来的单一入海通道(下简称老通道)变为双通道，即老通道和开北侧沙嘴形成的新通道(下简称北新通道)入海，加之近些年黄河来沙明显减少，沙嘴出现侵蚀，陆地面积共减少 22.36km^2，整个研究区海岸线呈微弱蚀退态势。

2)沙嘴演变趋势

由于沙嘴的延伸长度与黄河入海泥沙扩散范围(或泥沙流失量)有关，而泥沙扩散范围又与潍坊港区水域的泥沙来源存在一定的关系，所以，对沙嘴演变趋势的分析显得十分重要。

(1)沙嘴的“极限”延伸长度

随着沙嘴的延伸，河床比降将降低，当泄洪能力不能满足汛期流量下泄时，将出现溢流，并最终形成入海距离较短的新流路，沙嘴不会无限度的延伸。在新流路形成至消亡(改道)之间，存在一个沙嘴的极限长度。据王恺忱的统计分析，黄河自钓口河入海(1964 年)至改道前(1973 年)，沙嘴累计延伸的最大长度为 47.3km。据常军统计，黄河自清水沟流路入海(1976 年)至人工在北侧沙嘴开口泄洪前(1996 年)，沙嘴累计延伸距离为 29.2km。上述两条沙嘴的长度相差约 18km，除了可能与两个时期的水沙比及两个区域的海洋动力等因素有关外，还与人为因素有关。钓口河流路的出现与消亡，基本反映其自然演变过程，而清水沟流路，老通道沙嘴则明显受人为控制的影响，即 1996 年开北口（形成北新通道）是为提高排洪能力而为之。因此可近似认为，清水沟流路沙嘴的极限长度应在 30km 左右。

（2）新老沙嘴的兴衰与转换

清水沟流路老通道沙嘴的规模与黄河来沙状况及人为控制有关。自 1976 年后的成长发育至 1996 年后的蚀退，大致经历 19 年，此期的累计延伸长度约 29km。

北汊开口（1996 年），形成新的入海通道后，与老通道的沙嘴发育相比，一方面在总体上应存在相似性，即也存在自兴至亡的发育过程。另一方面也存在差异性：第一，沙嘴发育的起始点不同。老通道沙嘴延伸的起点靠内侧，而北新通道沙嘴则大约在老沙嘴的中后区域向外延伸，从这一点看，北新通道沙嘴（含开口以里的沙嘴长和开口以外沙嘴长）欲达到老沙嘴的相同规模，所需的时间应远短于 19 年；第二，有关资料表明，由于受黄河中上游水土保持能力提高、小浪底水库拦沙，以及人们用水量增加等综合因素的影响，黄河的入海水量将呈减少趋势，泥沙的下泄量也随之减少，从这一点来看，与老通道沙嘴的延伸相比，北新通道沙嘴的延伸速度又相对较慢。

综合上述两个因素来分析，即同时考虑北新沙嘴发育的起始点靠外的有利面和泥沙来量减少的不利面，估计北新沙嘴总长（缺口内段 + 外段）达到 29km 左右的时间，应接近 19 年。此后，从有利于行洪角度考虑，河口输沙途径的微调，将出现下述几种可能性：一是，由于在北新沙嘴成长期，原老通道沙嘴外端不断侵蚀，原淤积区水深增加，当蚀退至北新沙嘴开口处附近时，或者采取人工引洪，或者依靠水流自身的力量，黄河来沙重新又大致沿老通道沙嘴的原方向输入大海。二是，当北新沙嘴成长期结束后，在其沙嘴的南侧开口，形成新的排沙通道。三是，切开老通道南侧沙嘴向南侧水域输沙。在清水沟流路上述三种改道的可能性中，不管出现哪一种可能性，其沙嘴的平面形态，将从单一推进型，转化为枝状推进型。三角洲的形态也将从 1996 年的条状，转化为近似圆弧状。由此判断，清水沟流路枝状沙嘴综合体的平均延伸速度不会快，其平均长度将很难突破长 29km 的老沙嘴范围。

6.1.3 黄河排沙的扩散影响

黄河口入海泥沙扩散有两种情况，一是河流挟带的较细颗粒泥沙，在海洋动

力作用下,直接漂移(扩散)到较远的海域;二是较粗颗粒的泥沙沉积在黄河口门附近,然后在风浪、潮流作用下再起动、再搬运。本文,一般指的是第一种情况。

1)从卫片看浑水扩散范围

黄河口泥沙(浑水)扩散范围,主要是通过不同时期的遥感卫星图像,判断各卫星图像上含沙浓度相对较高水体分布的临界线,或者说受黄河组颗粒泥沙影响较大与影响较小区域的分界线。“泥沙(浑水)扩散距离”,是指浑水扩散最远的边界(即扩散主体的外边界)与某一区域的距离(图6.2~图6.12)。

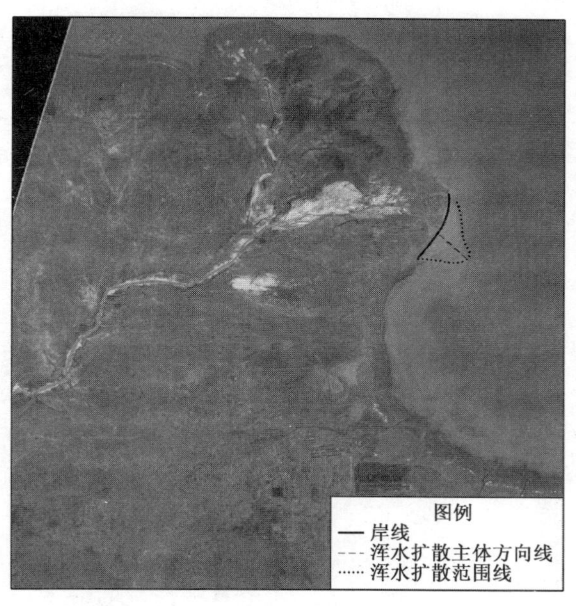

图6.2 黄河口入海泥沙扩散范围(1976-12-01)

泥沙扩散范围,受到黄河入海泥沙数量、径流量以及海面风速、风向的制约。统计表明,在这些因素中以沙嘴延伸长度和风况的影响最大(表6.2)。根据表中统计可以看出,随着沙嘴长度的增大,泥沙向外扩散的距离也是相应增加;1983—1996年以来泥沙的扩散方向主要以E~SE向为主,1996年在老河口北侧开口后,入海泥沙的方向并没有直指N向,而是指向NE,总体上沙嘴泥沙扩散的方向仍以为SE~SSE方向为主。其原因在于,尽管从目前来看,由于新口门远离岸线,自然水深和容泥量相对较大,泥沙多沉积于口门外侧,浑水主体不仅扩散范围有限,而且受老沙嘴的屏蔽尚较明显,但随着浑水扩散范围的增大和老沙嘴的蚀退,主体向SE~SSE方向偏转是必然的。关于这一点在图6.12

(2007 年)已初显端倪。因此,从整体上看入海泥沙的扩散范围和方向不会因为出汊口门方向的改变而出现性质上的变化。

黄河口清水沟流路浑水扩散范围及水文气象条件 表 6.2

日期(年-月-日)	沙嘴长度	径流		风况		浑水扩散主体方向	黄河泥沙扩散南边界距河口距离(km)
		流量(m^3/s)	含沙量(kg/m^3)	风向	风速(m/s)		
1983-08-15		3650	30.5	N	6.3	SE	27.5
1983-09-14		4090	37.6	S	3.3	ESE	14.2
1983-11-19		2090	18.7	N	1.3	SE	32.0
1984-01-23		398	0.64	N	2.0	SE	18.7
1984-10-05	18.1	2960	19.3			E	15.3
1989-02-13	17.9	233	25.8			SE	11.2
1996-09-20	29.3	1130	25.3	NNE	5.0	SSE	17.2
1998-05-05	28.2	16	1.97	SE	4.4	SSE	24.7
2000-03-07						SSE	24.9
2007-07-17		600	2.35			SE	15.8

注:沙嘴长度与 1976 年相比;黄河入海径流量用利津站资料;风况为东营气象站所测资料。

图 6.3 黄河口入海泥沙扩散范围(1981-11-21)

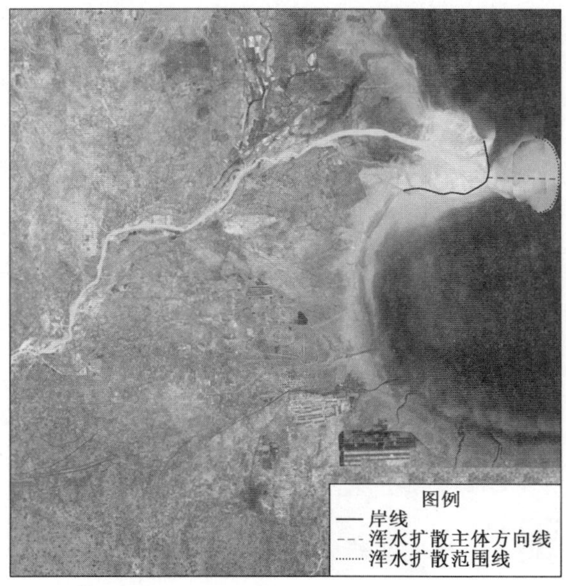

图 6.4 黄河口入海泥沙扩散范围(1984-10-05)

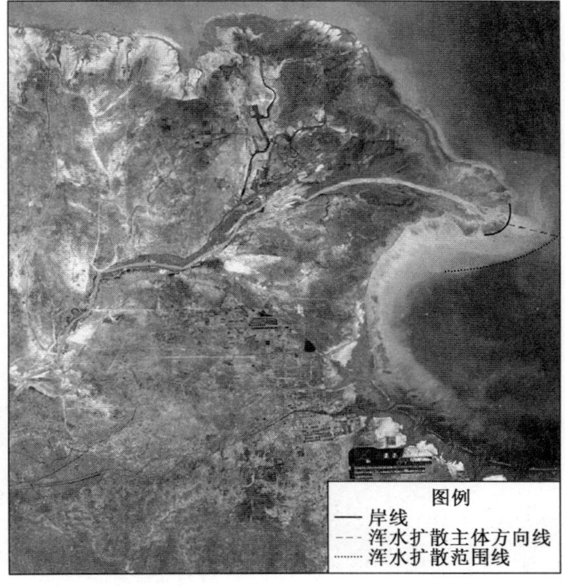

图 6.5 黄河口入海泥沙扩散范围(1985-03-14)

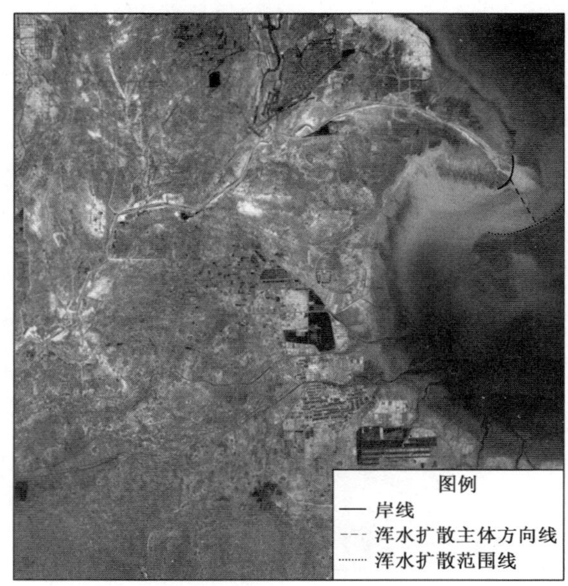

图 6.6　黄河口入海泥沙扩散范围(1989-02-13)

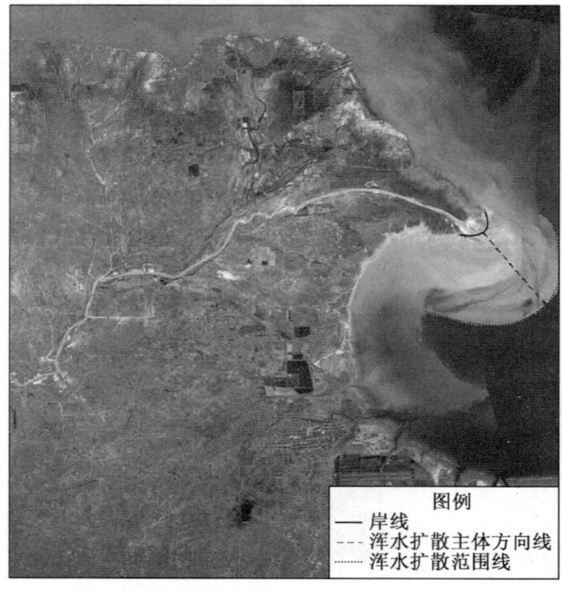

图 6.7　黄河口入海泥沙扩散范围(1991-01-26)

图 6.8　黄河口入海泥沙扩散范围(1996-09-20)

图 6.9　黄河口入海泥沙扩散范围(1998-05-05)

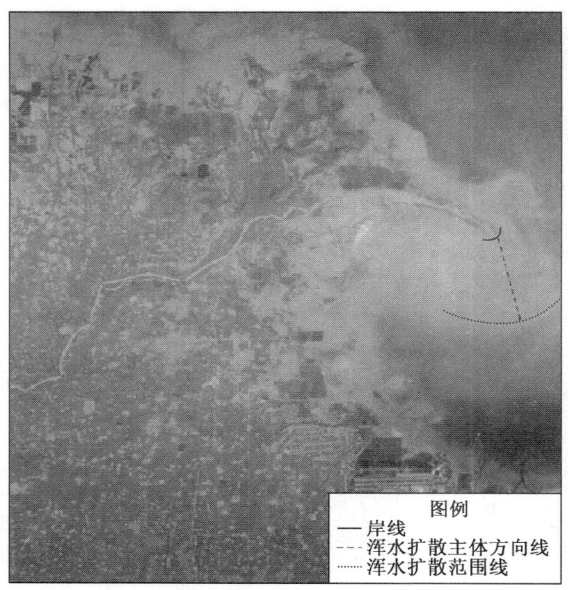

图 6.10　黄河口入海泥沙扩散范围(1999-08-28)

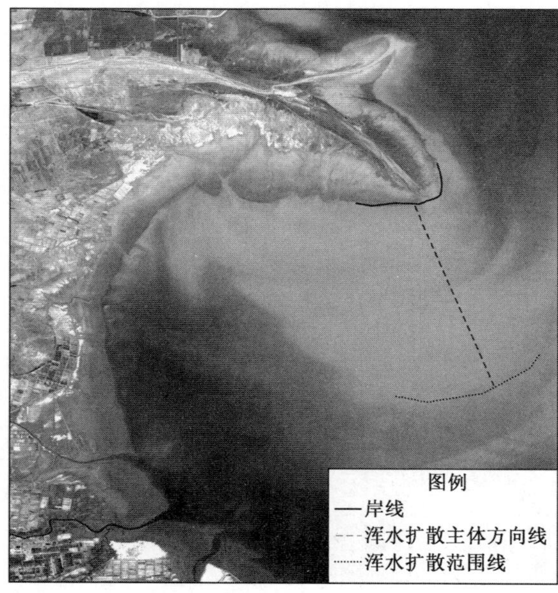

图 6.11　黄河口入海泥沙扩散范围(2000-03-07)

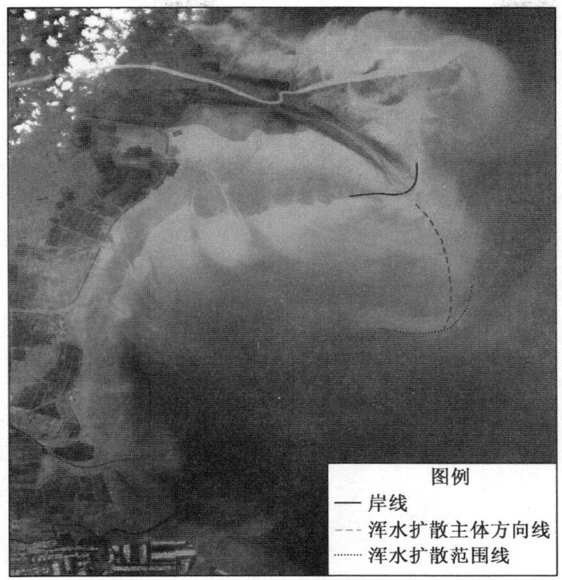

图 6.12　黄河口入海泥沙扩散范围(2007-07-17)

由悬沙遥感分析可以看出,风速的大小以及风向的不同对黄河口泥沙扩散起到重要影响,其中 N ~ NE 影响最大,在 6 级以上 NE 大风时,泥沙扩散最远距离可达小清河口;一般天气情况下,黄河口泥沙扩散范围保持在 10 ~ 20km。

2)底质分布特征分析

由于黄河入海泥沙的浓度,随着入海距离的增大而减弱,其量越来越小。同时,黄河口沿岸潮流较强,在海流的作用下,泥沙粒度的分布也具有一定的规律性,因此海床的底质分布可以反映泥沙扩散的趋向性。

图 6.13 为 1978 年和 1981 年黄河洪水期,实测的黄河口附近海域的海床底质分布情况。从图上可以看出,黄河口以南至工程区附近海域,从岸边至深海,呈现出一个由粗变细再变粗的分布格局,靠近岸边为 $D_{50} > 0.06$mm,中间区域为细颗粒泥沙,$D_{50} < 0.01$mm,深海区域 $D_{50} = 0.02 \sim 0.06$mm。近岸区域较粗,主要是由于该水域水深较浅,在波浪和潮流作用下,细颗粒泥沙向外输移;中间区域都为细颗粒泥沙,则主要是受到黄河口入海泥沙的动力分选过程的影响作用较大,而离岸较远的深海又变粗,则表明远离海岸处河流直接扩散的沉积物尚未完全覆盖住原始海床。因此从沉积物的粒径在区域分布上的差异性,可以认为,图中 $D_{50} < 0.01$mm 区域可反映河口沙嘴入海泥沙扩散影响较明显的范围。

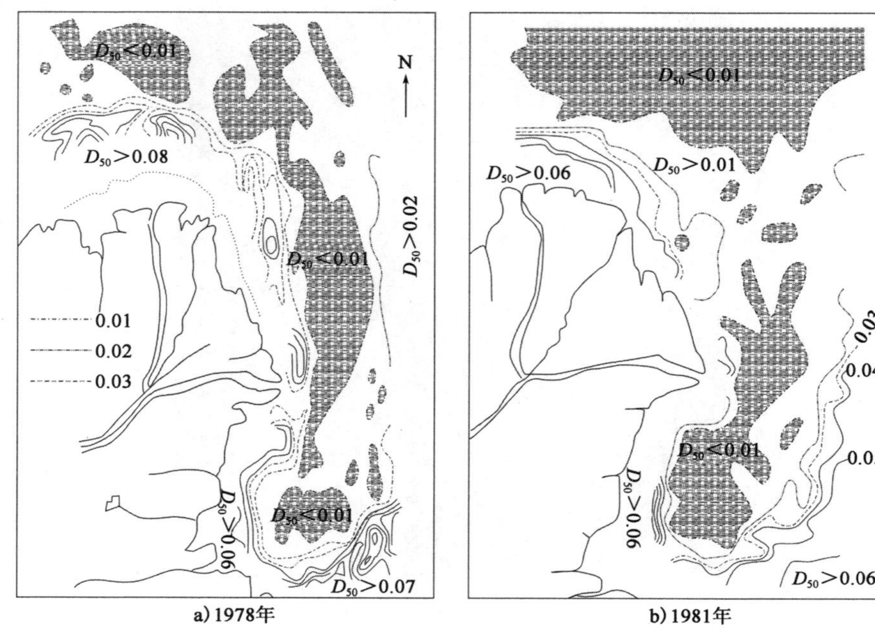

图 6.13　黄河口附近海域底质分布情况(据李泽刚)

3)含沙量分布特征分析

近岸海域的含沙量分布状况,可以反映该海域海岸带的泥沙运动状态。图 6.14为 1984 年海岸带调查时的黄河口附近海域含沙量分布情况。在图上可以看出,在黄河口附近海域存在两个高含量扩散中心,其中一个就在现黄河口东南侧,不言而喻,河口入海区域一般有大量的泥沙沉积,形成河口沙嘴或沙洲,使得河口海岸区域不断外延,而且会有一部分泥沙随着河口径流的下泄和海洋动力因素的影响而向外海扩散,图中高含沙区即为黄河口入海泥沙直接扩散的结果。从图上还可以看出,含沙量的舌状分布轴线,不管是枯水季节还是洪水季节,都是以东南方向为主,基本上与河口沙嘴发展的轴线方向一致。据李泽刚的研究,黄河入海泥沙向东南扩散,可直接影响到的范围在 37°27′N 附近(工程区北侧),再向南是海洋动力漂移作用所致。

4)莱州湾泥沙输移分析

从以上分析可知,黄河口径流携带大量的泥沙,在进入滨海区后,由于水流平面扩散及海水顶托的作用,流速减缓,大量泥沙迅速沉积,在泥沙沉积过程中又在波浪的作用下进行分选,粗砂、细砂、极细砂、粗粉砂均在口门附近沉积,而较细物质则漂浮到较远的海区。在西北风及偏南方向的潮流作用下,入海泥沙被推向河口南侧，其中高浓度带沿海岸呈条状扩散，低浓度带沿海岸呈片状分布，向南扩散到莱州湾海域。但研究发现，黄河口向南扩散进入莱州湾内的泥沙并非全都沉积下来。

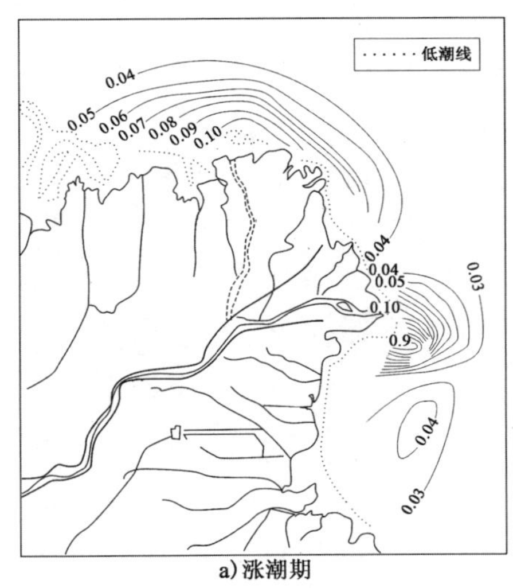

a）涨潮期

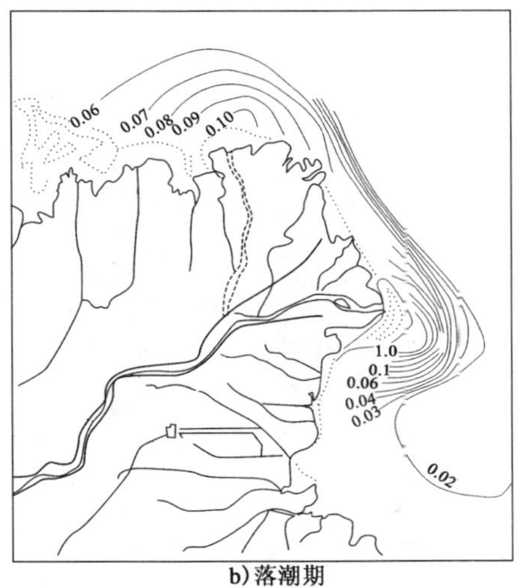

b）落潮期

图 6.14　1984 年黄河口附近海域含沙量分布情况（据李泽刚）

中国科学院海洋研究所在 1989 年 5 月和 8 月的两个航次水文、泥沙、底质调查表明，黄河口向南扩散的泥沙基本不影响莱州湾南部的底质沉积。1976 年以来，莱州湾中部沉积速率为 3.3 ~ 5.3 cm/a，且逐年减少，与向南扩散的大量泥沙极不相称，说明泥沙不在此区大量沉积，莱州湾只是一个向外输沙的通道。通过不同时期的水文实测资料分析，莱州湾区涨潮时与河口南侧的南西向涨潮流相顶托；落潮时，潮流流向均向东北方向。这种流场有利于莱州湾区泥沙的向外运移，泥沙正是在此流场的作用下向东北方向输送，大量泥沙经莱州湾向东北运移，减轻了河口的淤积。因此，南去的泥沙由于受莱州湾特定流场的影响，相当数量的泥沙最终也向东北方向输移，说明目前河口的流路对莱州湾影响不大。图 6.15 为 1989 年在洪、枯两个季节综合各种因素得出的泥沙输移路径。由图可见，两个季节的泥沙扩散最终向东北方向进入渤海中部地区，根据前述卫星图片的悬沙分析结果也显示了同样的运移趋势。

5）黄河口入海泥沙扩散的特征

根据以上分析，可以得知黄河口入海泥沙扩散方向和范围的影响因素较多，可总结出以下几个基本特征：

（1）河口沙嘴的动力轴线方向，在一定程度上或一定时期决定着黄河口入海泥沙扩散的方位。不管是底质取样粒径分布,还是卫星遥感图片的解译分析,都能说明入海泥沙扩散强弱的偏转方向与河口沙嘴方向有关。如1980年以前,清水沟河口沙嘴朝东偏北,泥沙扩散方向主要是偏河口沙嘴于东北方向,1981年以后,清水沟流路河口沙嘴逐渐南移,泥沙南向扩散也增强。

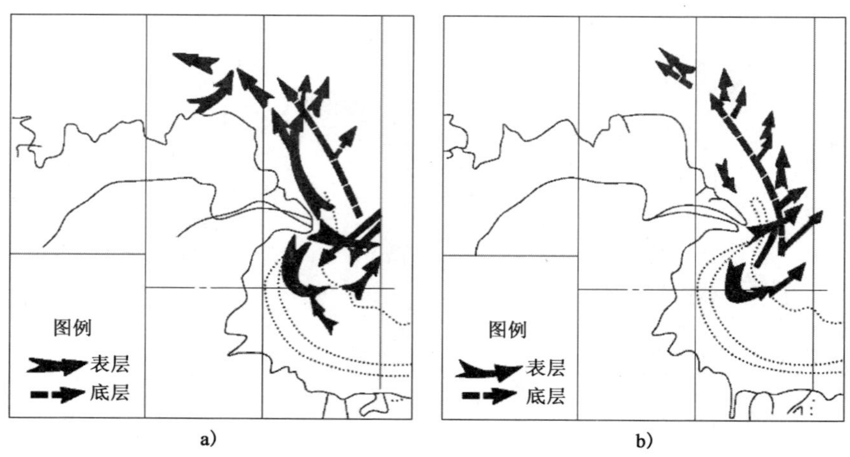

图6.15 黄河口入海泥沙扩散后输移路径示意图(据胡春宏)

(2)泥沙扩散与潮流向的相似性。因为在黄河口附近海区的海洋动力中,潮流动力最强,是该海区的主要动力。它对黄河口入海泥沙及三角洲沿岸沉积泥沙的起动、运移,都起着重要的作用。其主要特征是,在黄河河口浅海区,每年的水下地形测验,其淤积厚度等值线都呈椭圆形,长轴平行于海岸,与潮流的动力分布完全相似,证明了涨落潮往复流对泥沙向河口两侧沿岸扩散的影响。

(3)风浪及环流对泥沙扩散有着重要影响。黄河口的大量泥沙主要为洪季径流所挟带。一方面,由于汛期黄河水沙量较大,如果再加上NE强风向,使得黄河口入海泥沙特别是汛期向南扩散的距离较远;另一方面,根据有关研究,冬季渤海气旋较强对泥沙南扩散也有利,从而使得泥沙向河口右方运动扩散,河口沙嘴也不断地向右偏转。

在从不同时期的卫星遥感图片来看,当黄河口的径流量大,相应输沙量大,浓度等值线梯度大时,泥沙扩散则远。当然风速和风向对泥沙扩散也有影响,对其中影响较大的是,春、冬季盛行的NE风。很明显,当刮N~NE大风时,无论黄河径流量的大小,黄河口下泄泥沙都能扩散到广利河口南侧的小清河口;而刮S~SE风时,黄河口泥沙则扩散不到广利河口。

6.2 风暴潮影响

6.2.1 风暴潮介绍

风暴潮(Storm Tide)是一种灾害性的自然现象。由于剧烈的大气扰动,如强风和气压骤变(通常指台风和温带气旋等灾害性天气系统)导致海水异常升降,同时和天文潮(通常指潮汐)叠加时的情况,如果这种叠加恰好是强烈的低气压风暴涌浪形成的高涌浪与天文高潮叠加则会形成更强的破坏力。其又可称为"风暴增水""风暴海啸""气象海啸"或"风潮"。

我国是世界上受海洋灾害影响最严重的国家之一,影响我国的海洋灾害主要包括:风暴潮灾害、灾害性海浪、赤潮灾害、海冰灾害以及海岸侵蚀或淤积等,其中风暴潮灾害居各种海洋灾害之首,是造成沿海地区人员生命财产和经济损失最为严重的海洋灾害。国内外学者较多按照诱发风暴潮的大气扰动特性,把风暴潮分为由热带气旋所引起的台风风暴潮(或称热带风暴风暴潮,在北美称为飓风风暴潮,在印度洋沿岸称为热带气旋风暴潮)和由温带气旋等温带天气系统所引起的温带风暴潮两大类。

莱州湾的风暴潮多由寒潮或冷空气引起,这类风暴潮属于温带风暴潮的一种,大概为我国渤黄海所特有,多发生于秋冬或冬春过渡季节,在这个季节,渤海和北黄海所处区域正好处于冷暖气团激烈激荡的区域,容易受到寒潮或南下冷空气的影响激发风暴潮,冯士筰(1982 年)将这类风暴潮定义为风潮。

寒潮天气过程是一种大规模的强冷空气活动过程。寒潮天气的主要特点是温度骤降和大风,有时还伴有雨、雪、雨淞或霜冻等现象,其中大风的破坏作用居首位,其次为降温的影响(朱乾根等,2000 年)。我国每年都会受到十次左右的寒潮及强冷空气的影响。据有关资料记载,莱州湾沿岸仅清代 268 年间就发生风暴潮灾 45 次,平均 6 年一次。仅近百年来,大的风暴潮灾就出现了 6 次,分别发生在 1845 年、1890 年、1938 年、1964 年、1969 年及 1980 年。据 1951—1980 年资料统计,受寒潮及强冷空气最多的年份可达 17 次,最少的年份只有 5 次。

本区风暴增水的频率远高于风暴减水,就季节分布来看,风暴增水全年各月都有发生,其极值以 4 月和 11 月最大,6、7、8 月较小。而减水的情况不同,6 ~ 10 月几乎没有风暴减水发生,原因也很简单,风暴减水多发生在持续的北风天气过程,6 ~ 10 月这种天气很少。减水的量值也没有增水的量值大,据工程区东南部的羊角沟水文站的资料统计,最大增水 355cm,而最大减水仅 175cm,不及增水的1/2。就增减水的频率来说，增水以4月最高，为25次，其次是11月，为21次，其他月份不多；减水以3月频次最高，为10次，1、4、11月频次为9次，其他月份很少，详细统计结果见表6.3。

羊角沟各月增、减水统计(1961—1990年)(单位:cm) 表6.3

月份	1	2	3	4	5	6	7	8	9	10	11	12	总数	极值
增水极值	228	208	200	355	244	99	142	169	210	269	282	183		355
频数	10	7	11	25	6	2	7	4	7	7	21	10	117	
减水极值	-175	-132	-148	-160	-112						-159	-170		-175
频数	9	5	10	9	1						9	3	46	

本区风暴潮出现频繁，由表6.4中的数字可以看出，在1961—1990年的30年间，羊角沟发生风暴潮造成实测潮位超过警戒水位多达23次。最高潮位发生在1969年4月23日，实测潮位6.74m。当然，这个实测潮位包含着天文潮位和风暴增水的联合作用。

历年越过警戒水位的出现时间和量值(警戒水位:5.00m) 表6.4

时间(年-月-日)	实测潮位(m)	风暴潮	造成重大灾害的年份
1961-05-03	5.36		
1961-10-19	5.68		*
1962-03-06	5.26		
1962-11-20	5.12		
1963-04-05	5.12		
1963-04-06	5.24	3.00	
1966-12-19		2.10	*
1967-05-22	5.22		
1967-11-19	5.41		
1969-04-23	6.74		*
1971-03-02	5.35		
1972-01-23	5.11		
1972-07-20		1.05	
1977-09-11	5.33		
1978-10-27	5.34		

续上表

时间(年-月-日)	实测潮位(m)	风 暴 潮	造成重大灾害的年分
1979-02-21	5.33		
1980-04-05	6.01		*
1982-03-23	5.12		
1985-08-18		1.60	
1986-12-14	5.22		
1987-10-30	5.21		*
1987-10-27	5.84		*
1990-04-12	5.28		

6.2.2 风暴潮的影响

2003 年 10 月 11 日的风暴潮期间,受来自西伯利亚的强冷空气向东南方向移动的影响,渤海上空刮起强劲的东北大风,由这次强冷空气形成的东北大风持续时间长、风力大,平均风力在 9 ~ 10 级,瞬时最大风力达 12 级,浪高 3 ~ 4m,持续的东北大风推动渤海的海水涌向迎风岸,同时 10 月 11 日又是农历九月十六,为天文大潮期。天文大潮与东北向大风引起的增水相叠加,致使处于渤海西南部的渤海湾和莱州湾沿岸发生了自 1992 年以来最强的一次寒潮型风暴潮。此次风暴潮期间塘沽海洋站出现了 533cm 的高潮位(超过当地警戒水位 43cm),最大增水 160cm;河北黄骅港验潮站出现 569cm 的高潮位,最大增水 235cm;山东羊角沟潮位站出现 624cm 高潮位(超过当地警戒水位 74cm),最大增水 297cm。这次风暴潮来势凶猛、强度大、持续时间长且伴有 100 多毫米的降雨,致使沿海部分村庄进水,有的屋内积水达 20cm,居民房屋被浸泡、部分房屋倒塌,盐场、虾蟹池被淹或被冲毁,渔船渔具被损坏,部分海堤被冲毁。水利、通信、电力设施遭到破坏,局部海水沿河道上侵淹没农田。据水利部门统计,本次风暴潮造成直接经济损失 3.65 亿元。

2012 年春季在一次风暴潮作用下,高程达 +7.0m 以上的胸墙甚至可出现越浪现象,其上水可达到围堤外侧人行道路处。较强风暴潮对潍坊人工沙滩造成强烈侵蚀。沙滩侵蚀情况如图 6.16、图 6.17 所示。

2015 年 11 月特大风暴潮,山东潍坊高潮远超当地警戒水位,最大增水 230cm 以上,正在施工的潍坊港中港区 3.5 万吨级航道出现严重骤淤,初完成的航道 K0 +000 ~ K48 +000 水深较风暴潮前明显变浅,回淤总量达 561 万 m^3,仅航道清淤直接经济损失就在1亿元以上。表6.5为潍坊港中港区3.5万吨级航道设计标准,表6.6为潍坊港中港区3.5万吨级航道回淤情况。

图6.16 沙滩偏东段滩面形态(侵蚀剧烈,陡坎位置已接近围堤堤根)

图6.17 沙滩东段滩面形态(沙滩几乎消失)

潍坊港中港区3.5万吨级航道设计标准 表6.5

序号	航 道 区 段	区段长度(km)	设计宽度(m)	设计底标高(m)	边坡坡度	超宽(m)	超深(m)
1	K0 +0 ~ K4 +0	4	131	−12	1:5	4	0.4
2	K4 +0 ~ K9 +5	5.5	131	−12	1:5	5	0.5
3	K9 +5 ~ K11 +5	2	159	−12.2	1:5	5	0.5
4	K11 +5 ~ K48 +0	11.5	131	−12	1:5	5	0.5

潍坊港中港区3.5万吨级航道回淤情况 表6.6

航 道 区 段	回淤量(万 m^3)	回淤厚度(m)	航 道 区 段	回淤量(万 m^3)	回淤厚度(m)
K0 +0 ~ K8 +0	23	0.16	K8 +0 ~ K9 +5	18	0.64
K9 +5 ~ K11 +5	33	1.10	K11 +5 ~ K15 +0	53	1.01
K15 +0 ~ K20 +0	83	1.11	K20 +0 ~ K24 +0	41	0.68
K24 +0 ~ K30 +0	89	0.98	K30 +0 ~ K34 +0	35	0.57
K34 +0 ~ K48 +0	186	0.88			
合计回淤量(万 m^3)	561				

7 莱州湾主要港口的水沙情况

从前文可知,黄河口及其浅滩泥沙是莱州湾泥沙的最主要来源,而黄河浅滩泥沙的主要影响范围集中在莱州湾西侧及南侧区域,该区域泥沙为最为活跃的粉沙,滩宽水浅,湾内建港面临诸多水沙问题。本文于西岸、南岸选取具有代表性的东营港广利港区和潍坊港中港区,介绍泥沙活跃区域的建港水沙条件。

7.1 东营港广利港区

广利港区通海航道位于广利河口,广利港区的建设从水沙角度考虑需解决如下问题:

(1)广利港区海域水深严重不足,航道建设需进行大规模的开挖疏浚。

(2)本海区底质多为活跃的砂质粉砂和粉砂,泥沙活跃、航道已发生骤淤。为防止航道开挖后泥沙在波浪和潮流作用下向航道内运移而产生的淤积,需要建设高防沙堤对航道进行掩护。

(3)广利港区通海航道位于广利河口,河道深槽存在航槽摆动情况,天然情况下南挖槽6号浮鼓以下航道多年来以平均每年30~60m的速度向南偏移,河槽的摆动使航道轴线不断向南摆动;北槽摆动情况与南槽类似。为此,应进行固定航槽的治导工程;同时为维持5000吨级通海航道的稳定,应采取果断措施尽力维护一条通海航道。

由此建设初期应以保证水沙稳定为主要工作,并以此进行方案的确定、优化。结合以往类似工程建设经验,建设防沙堤是最为可行的方案,减淤的同时,固定了航槽、截断拦门沙影响等,可谓一举多得。本文中防沙堤建设方案等采用数学模型试验的方式进行比选确定。首先回顾一下广利港区的水沙环境等自然条件。

7.1.1 广利港区水动力及泥沙环境

(1)潮汐

本港区属于不规则半日潮。

平均海平面:1.07m;平均潮差:1.70m;

最高高潮位:3.14m;最低低潮位:-0.38m;

平均高潮位:1.79m;平均低潮位:0.09m。

(2)波浪

本港区常浪向为NE向,其频率达35%,次常浪向为NNE向,强浪向为NNE。

(3)潮流

本港区潮流主要为正规半日潮流,呈往复流运动,涨落潮明显。

河口涨、落潮平均流速分别为0.58m/s、0.50m/s,平均流向分别为258°~268°、80°~84°;拦门沙水流有涨潮向河口汇聚和落潮发散的规律,平均流速分别为0.16m/s、0.27m/s,平均流向分别为280°~287°、94°~97°;-4m等深线附近涨、落潮平均流速分别为0.22m/s、0.18m/s。总体上看,除河口流速较大外,其余区域属低流速区。

(4)含沙量

一般天气情况下,广利河口附近海域含沙量较低,小于0.1kg/m^3。波浪是本海域泥沙起动的主要动力,大风浪作用下,近海悬沙浓度可达3kg/m^{3}以上。

(5)底质

总体来看,港区海域从岸到海,沉积物中值粒径从粗到细,具有较强的层次性。

-2m水深以内浅水区,主要以砂质粉砂和粉砂质砂为主,中值粒径在0.04~0.06mm,接近岸边基本为粉砂分布带,拦门沙南、北两侧主要为粉砂质砂,有少量细砂分布;-3m和-4m等深线之间为砂质粉砂分布区域,中值粒径一般在0.04~0.05mm;-4m和-5m等深线之间为则是粉砂、砂质粉砂混合区,交错分布,中值粒径在0.03~0.04mm;-5m等深线以外则以黏土质粉砂为主,中值粒径在0.01~0.02mm。

底质沉积物的黏土含量具有很好的分布规律,相比之下,近岸浅水区黏土含量较低,一般都在5%~10%,拦门沙附近的黏土含量则在5%左右;向外海逐渐增加从10%~15%,到15%~20%,再到20%以上,呈明显的递增规律。

分选系数在0.2~2.4之间;颗粒的分选程度和沉积物类型有很好的对应关系,近岸区域沉积物颗粒分选系数一般小于0.6,分选性很好,再向外逐渐过渡,分选性差(分选系数大于2.2)的区域很少。分选程度也反映出波浪为本海区泥沙起动的主要动力。

(6)泥沙来源

工程海域河流、岸滩侵蚀来沙较弱,黄河口泥沙扩散的直接影响是有限的,造成航道和港池淤积的主要泥沙来源为风浪和潮流作用下就地泥沙搬运输移。

7.1.2 工程海域的冲淤变化

1)黄河口至小清河口海域冲淤变化

如前所述,黄河口至小清河口海域,按等深线的明显走向变化及淤积强度区域分布的差异性,可以大致分为两个区域:

北侧区域自1976年以来一直处于迅速的淤涨中,在黄河口走向的轴线上,1976—2002年2m等深线向外淤涨32.5km,-5m等深线外推24.7km,其主要原因是1976年黄河人工改道清水沟流路后,黄河来沙在河海相互作用和河口锋的屏蔽效应下,大量入海泥沙堆积在河口区附近,使得河口沙嘴快速向海延伸;1994—2002年与1976—1985年相比,淤涨速度明显下降,这主要是自1996年清水沟改道清8断面入海后,老河口泥沙大量减少,淤涨速度减慢,而且时有冲刷所致。

西侧区域也有所淤涨,但速度大大减小,-5m等深线在1976—2002年外推只有1.8km左右,而且-2m等深线还有所蚀退,主要是由于河口沙嘴快速延伸形成的类似海岬式的凸出体,阻挡了沿岸流携带泥沙向黄河口以南海岸的输运,而产生侵蚀。广利河口南、北侧-2m等深线总体后退;-5m、-8m等深线总体淤进,在1996年以后有所蚀退,分析认为,这种变化与黄河改道清8汊入海,泥沙来源有所减少有关。

为了研究黄河口至小清河口海域断面水深变化情况,于本海区布置5个断面,如图7.1所示。根据不同时期水深数据进行对比分析:

(1)断面D1(图7.2),在1976—1990年之间,河口沙嘴外等深线一直处于迅速外推状态;1994—2002年之间,基本以-6m等深线为界,-6m以内表现为蚀退,-6m以外表现为微小淤积。

(2)断面D2(图7.3),1976—2002年在近岸浅水区(基本以-4m等深线为界)处于冲刷蚀退状态,-4m等深线以外的水域在1976—1990年期间保持持续的淤涨,而在1990年以后则表现为时冲时淤。

(3)断面D3~D6(图7.4~图7.7)位于广利河口南、北侧6km范围内,-4m等深线以内在1976—2002年期间全部是冲刷蚀退状态,在-4m等深线以外,1976—1990年为持续淤涨状态,1994—2002年则表现为先淤涨后冲刷的形势。浅水区的冲刷主要是由于该时段黄河口泥沙扩散至本区的数量较少,以及周围海岸泥沙补给不足。深水区前期持续淤涨主要是由于黄河口泥沙扩散、沉积的影响增加,而后期冲刷则主要与入海口改道,以及黄河的水沙量减少有关。

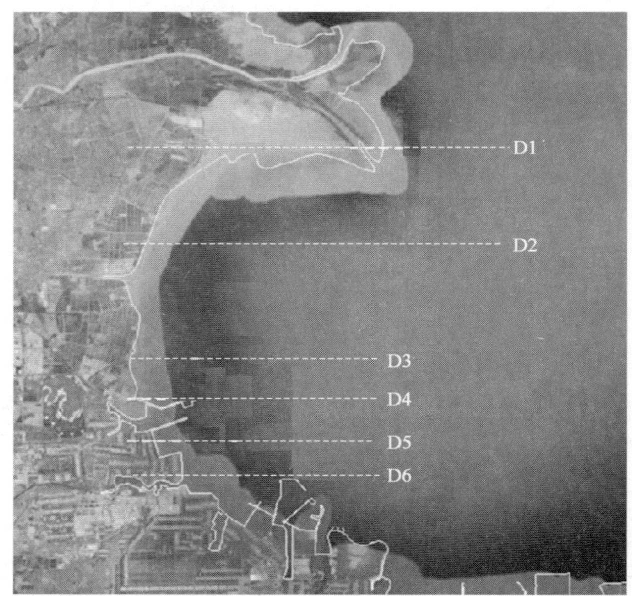

图 7.1　黄河口至小清河口海域断面布置图

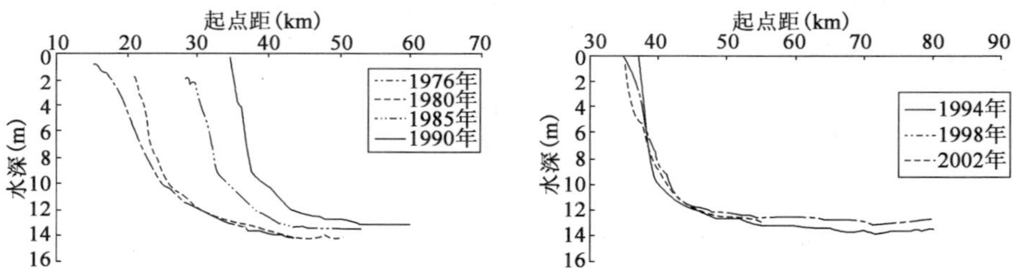

图 7.2　断面 D1 水深变化

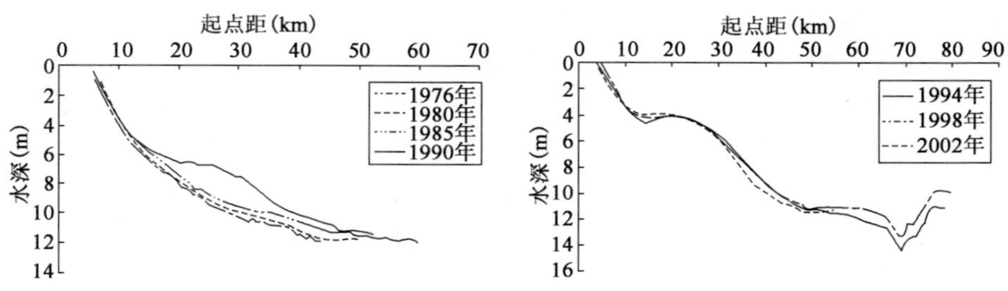

图 7.3　断面 D2 水深变化

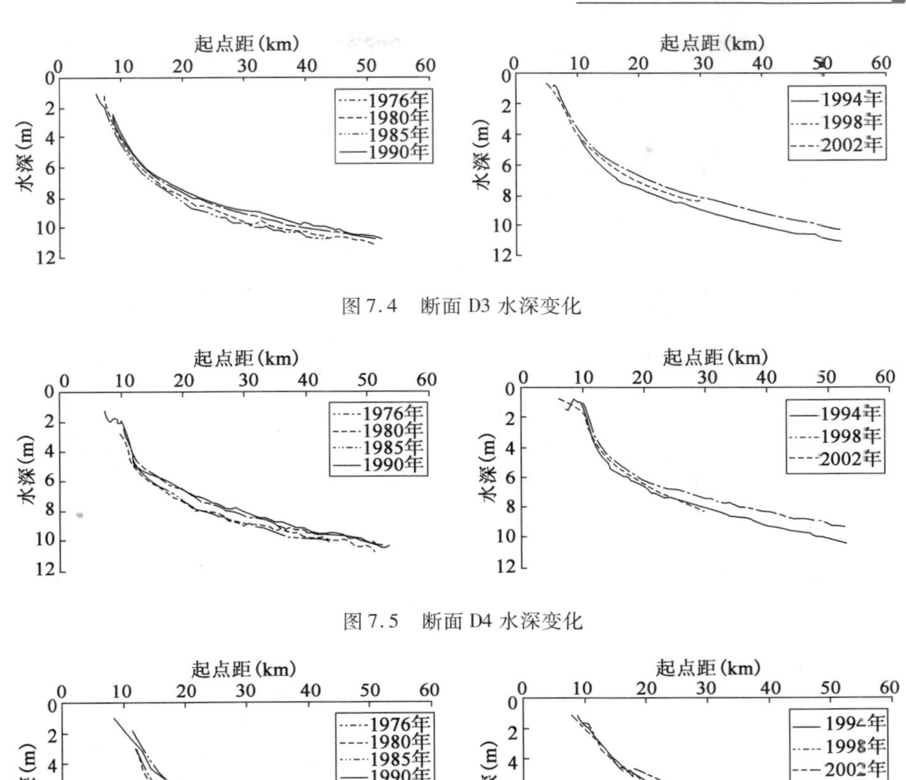

图 7.4 断面 D3 水深变化

图 7.5 断面 D4 水深变化

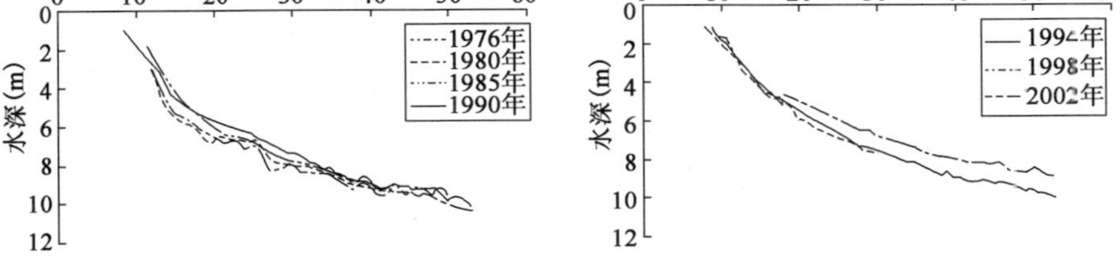

图 7.6 断面 D5 水深变化

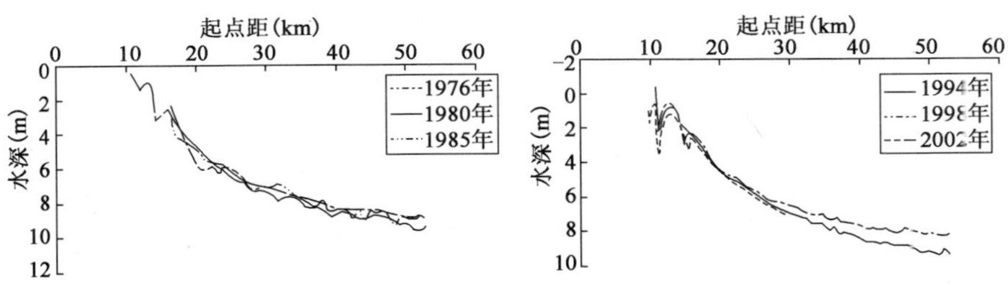

图 7.7 断面 D6 水深变化

2)广利河口拦门沙地形变化

河口拦门沙是入海、受潮汐影响的河流,在河口地区由泥沙淤积而形成的特有地形。由于河流入海处，河道开阔，地势低平，河水受到海水的顶托，流速降低，河流带来的泥沙在口门处堆积水深变浅，航道受阻，从而形成河口拦门沙。

广利河口拦门沙是在古浅海基础上接受现代三角洲物质堆积而成，其发育形成和消长与广利河口输出泥沙以及该处的波浪、潮流作用密切相关。现状下河口内河道水深较深，最大达 -7m 多，河口往外为拦门沙体，沙体顶面地形较平坦，约以 2m 等深线为界，面积约 21km^2；沙体外缘坡度变陡，水深迅速增大；拦门沙内主航道槽深，河槽方向略向北偏；其外部拦门沙槛发育，无明显主槽。这是在河流径流、波浪和潮流联合作用下形成的较为典型的河口拦门沙体。

本文将通过对 1984 年、2002 年和 2008 年不同时期广利河口拦门沙水深资料，来对比分析河口拦门沙形态的变化。

(1)1984 年河口拦门沙形态

此时，河口拦门沙出现在河口两侧 0 ~ -2m 等深线之间(图 7.8)。拦门沙横卧在河口前，使河道水深由原来的 -3m 左右逐渐缩浅至 -1.5m 以下，并在河口两侧形成河口沙嘴，沙嘴顶部水深只有 -1.0m，河道内水深比两侧沙嘴的水深只深 -0.3 ~ -0.4m，成为制约低潮时船只进出的瓶颈，过了沙嘴以后水深则逐渐增大。

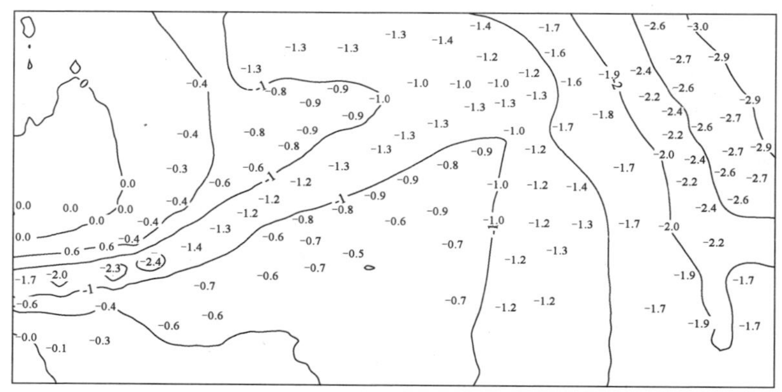

图 7.8　1984 年广利河口拦门沙形态图

(2)2002 年广利河口拦门沙形态

此时，河口拦门沙(图 7.9)位于 -2m 等深线之间，水深在 -1.5m 左右，而且在河道走向的 NE 侧形成一个水深小于 -1.0m 的沙包。与 1984 年相比(图 7.10)，河口拦门沙不但水深发生了变化，形态也发生了变化，河道向南侧有所偏移，由原来的 NE 向基本变成 E 向。河道内水深由 -4m 以上逐渐减小到 -2.5m 左右。

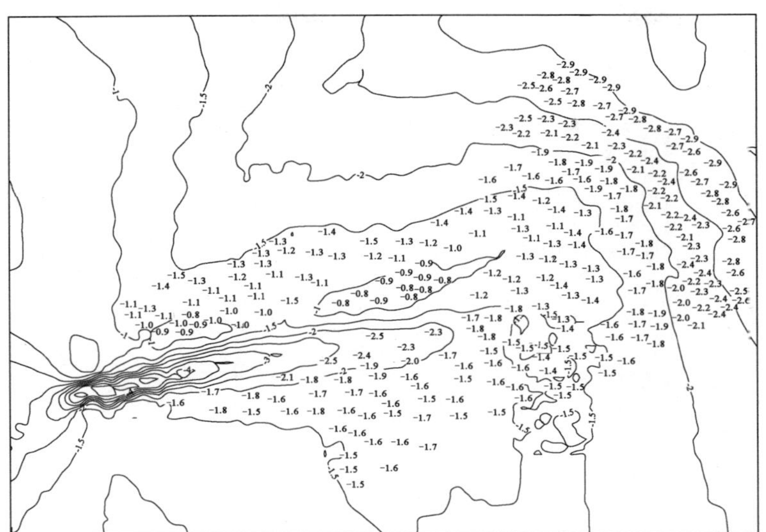

图 7.9　2002 年广利河口拦门沙形态图

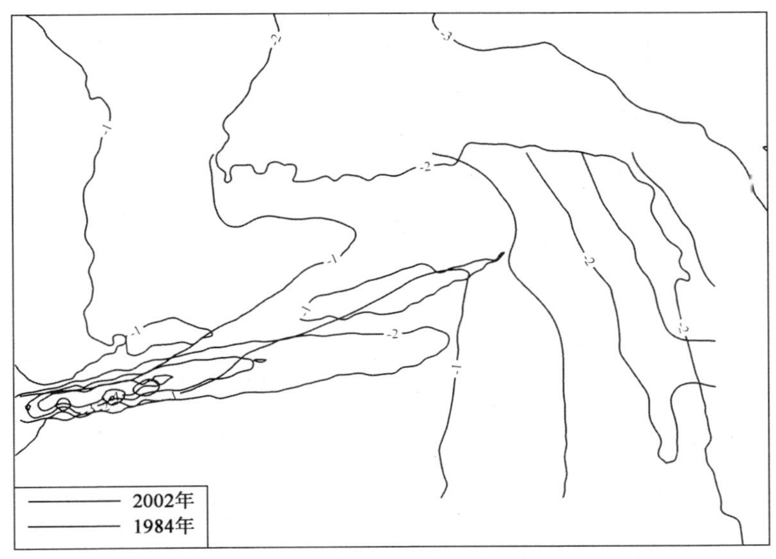

图 7.10　1984 年与 2002 年广利河口拦门沙形态对比

(3)2008 年广利河口拦门沙形态

到 2008 年河口拦门沙(图 7.11)位于水深主轴线的东侧水深不足 -1.0m,浅处水深不足 -0.5m。河道走向基本呈 NE 向,水深由 -4m 以上逐渐变浅至 -1.5m 左右。

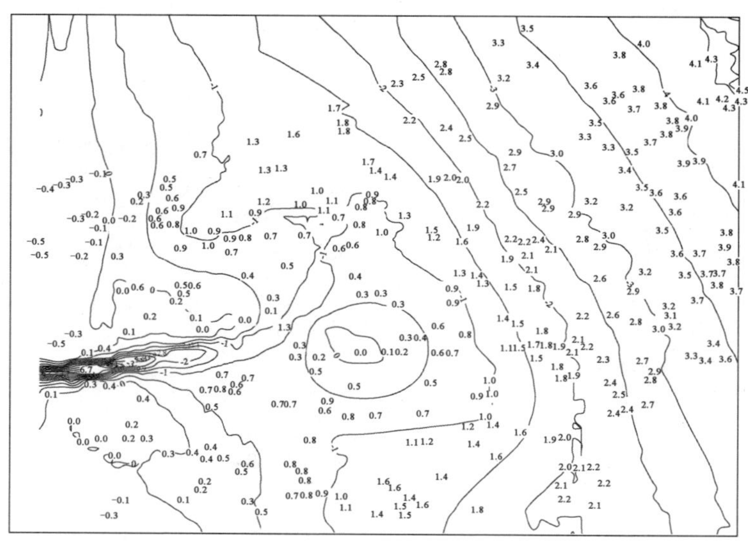

图 7.11　2008 年广利河口拦门沙形态图

2002 年与 2008 年广利河口拦门沙形态对比如图 7.12 所示。

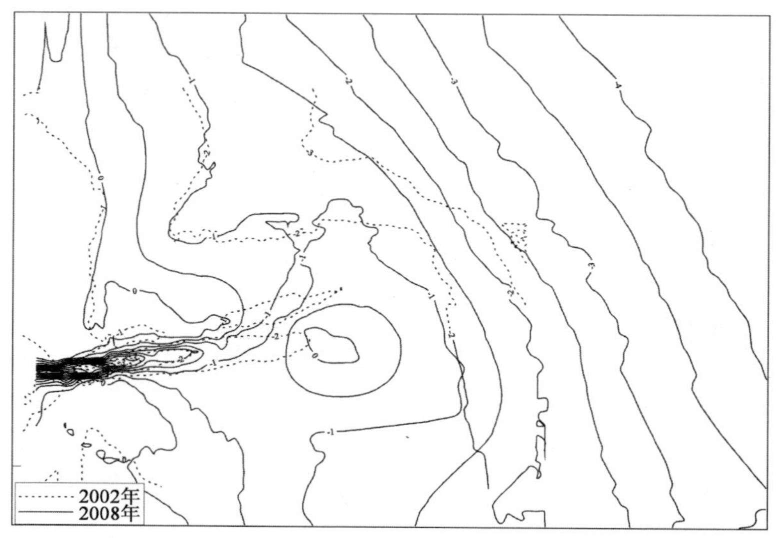

图 7.12　2002 年与 2008 年广利河口拦门沙形态对比

(4)广利河口拦门沙形态变化原因分析

初步分析河口拦门沙或河道的走向有所摆动与黄河口浅滩来沙、河道的上游来沙及外海的波浪、潮动力因素有关。

资料显示1984—1990年黄河水沙量减少,河口沙嘴缓慢向海延伸。由于河流动力的减弱,黄河口入海泥沙在沿岸流的作用下向南运移,这段时间内黄河口以南海岸略有淤积。广利河口也因黄河影响而缺少泥沙供应,拦门沙遭受冲刷,水深加大。1990年以后由于黄河上游兴建了大量的水利工程截住了大部分泥沙入海,黄河来水来沙明显供应不足,但此时黄河河口向外已经突出30km之多,黄河河口沙嘴在波浪的冲刷下受涨潮流携带向莱州湾扩散,湾内发生大面积淤积,广利河口拦门沙区域在这一段时间也明显淤积,拦门沙体水深变浅。1996年6月黄河口人工改道北部,废弃黄河口缺少泥沙补给而遭受急剧冲刷,河口岸线后退。在沿岸流作用下,黄河口冲刷物质向南运移,但输沙强度降低,只有少部分到达广利河口,广利河口地区附近海岸略有淤积。广利河也因黄河的影响来水来沙减少,但其减少量略接近于沿岸输沙量,拦门沙出现略微淤积状态。至1999年,新废弃黄河口侵蚀速度减缓,莱州湾内沿岸输沙强度大大降低,广利河口沿岸流输送的物质补给减少,这段时间内广利河和支脉河流上游的防潮闸挡住泥沙入海。广利河口区因缺少河流和大量沿岸泥沙补给而出现冲刷,河道被刷深。河道内物质向拦门沙体运移,使拦门沙顶略有淤积。从1968—1999年6次历史水深测量资料剖面图(图7.13)水深变化趋势和现在的河口拦门沙形态上分析,广利河口拦门沙体基本进入冲淤平衡时期。

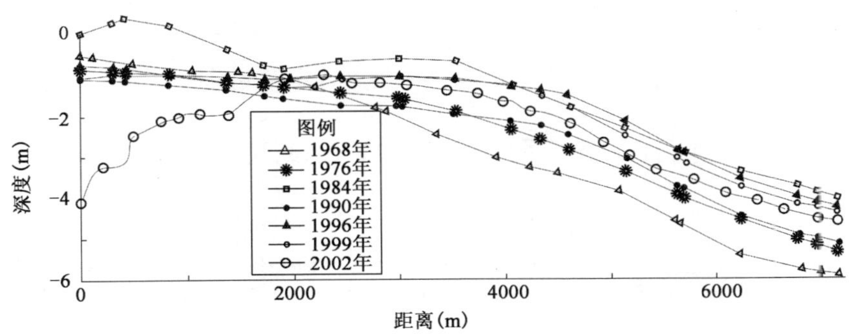

图7.13 广利河口拦门沙不同时段内的水深变化

3)广利河附近岸线变化

通过对1976年、1984年、1989年、1996年、1999年和2001年的卫星图像对比发现,1976年黄河人工改道清水沟流路后,在1976—1984年期间,黄河来水来沙量较大,由于河海相互作用和河口峰的屏蔽效应,黄河85%以上的入海泥沙堆积在河口区,黄河口沙嘴快速延伸向海,形成类似于海岬的凸出体阻挡沿岸流携带泥沙的输送，而减弱了黄河口以南海岸的侵蚀。

从莱州湾西侧地貌来看，莱州湾西岸为黄河三角洲平原，属粉沙淤泥质海岸。由于海岸主要是黄河冲积和尾闾摆动形成的，水系并不发达。莱州湾海域开阔，沿岸除黄河携带大量泥沙沉积在河口外，缺少较大物源的补给。因而，莱州湾西岸的变化主要受黄河水沙影响。由广利河口多年海岸线对比（图7.14）可以看出，受现行黄河口入海泥沙的影响，河口区附近的岸线自1976年以来一直处于淤积～蚀退的周期变化中，拦门沙的位置和形态也随岸线位置不断发生改变。

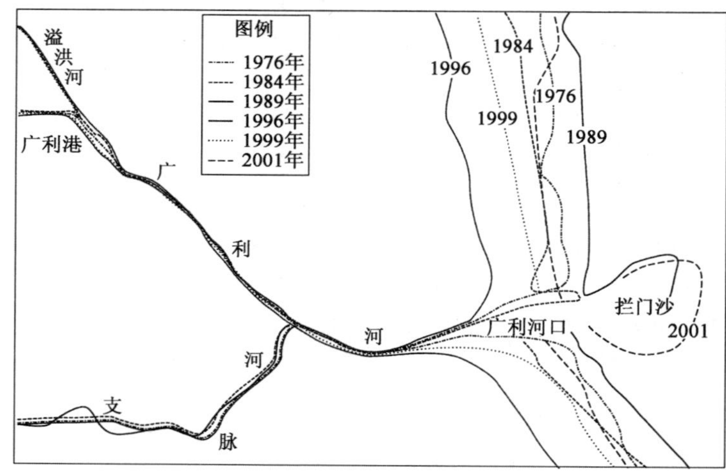

图7.14　1976—2001年广利河口附近海岸线的变化过程

7.1.3　黄河口泥沙对广利港区航道淤积的影响

在对黄河口入海泥沙在河口地形塑造和向外扩散特征、莱州湾的风、波浪和海流状况，以及广利河口外侧浅滩地形演变和物质组成等分析的基础上，可将黄河泥沙对广利港区航道淤积的影响简要概括如下：

（1）工程海域位于莱州湾弧形海岸和湾北突向外海的黄河三角洲南部，处在黄河泥沙向南最远扩散范围的波及区。由于向南最远扩散范围往往是由NE大风浪造成的，但该强浪出现的频率较低；潍坊港、东营港和广利港海域，NE向强浪（波高≥3.0m）出现的频率均在0.2%～0.4%之间。因此，由于大风浪引起的黄河泥沙扩散对本区水体含沙浓度提高的程度也十分有限。

广利河口外大浪期最大含沙量1.0kg/m^{3}左右，如果考虑波浪就地掀沙对含沙量的增值效应，则黄河泥沙扩散对含沙量提高的净影响将低于上述值。再从广泛收集的遥感卫片资料来看：多年来，除 1997 年 3 月 15 日和 2002 年 1 月 8 日对本区出现 2 次较明显影响外，其他时期，黄河口泥沙扩散都基本未波及本区。

(2)在正常天气情况下，广利河口外侧（含拦门沙）的水体含沙量，一般均在 0.01 ~0.1kg/m³ 范围内。如果黄河泥沙扩散直抵本区，则含沙量理应较大，所以 0.01 ~0.1kg/m³ 水体所具备的低含沙属性，应是该水域低流速和一般风浪掀沙的体现，而非黄河泥沙扩散所为。

(3)黄河河口外侧 -2m、-3m 及 -4m 浅滩泥沙的平均中值粒径 d_{50}分别为 0.018mm、0.013mm 和 0.11mm，深水区悬移质的平均中值粒径 d_{50}理应远低于 0.011mm。但从广利河口外 2008 年 2 次底质采样分析结果看，-4m 和 -5m 等深线以内平均中值粒径 d_{50}在 0.03 ~0.1mm 之间，-5m 等深线以深的平均中值粒径 d_{50}在 0.02 ~0.01mm 范围，远粗于黄河浑水扩散挟带泥沙的中值粒径。如果黄河泥沙通过浑水扩散大量抵达本区，则广利河口外侧滩地相对较粗的物质，不仅将被细颗粒物质所覆盖，也会出现不同粗细的物质共存和相间有序排列的分布特征。

(4)广利河口外侧南北 6km 范围内的水域，1976—2002 年 -4m 等深线以浅均表现为蚀退；-4m 等深线以深，虽在 1970—1990 年间海床向深水区淤进，但 1994—2002 年间又出现先淤后冲，冲淤基本相当。因此从总体上看，本区地形处于基本稳定，深水区有所淤进的状态。这一情况，不仅与广利河口南、北两侧较广范围的海岸线表现为微冲刷，在性质上基本一致，而且两者揭示了外界沙源有限这一基本特征。

(5)如果 1970—1990 年及 1994—2002 年，本工程水域 -4m 等深线以深，分别出现淤积和先淤后冲，与此时黄河自清水沟排沙的有利形势有关，那么当黄河在 1996 年改由北侧“清 8 断面”入海后，由于河口外的高浓度浑水团，在此后相当长的一段时期内，将主要指向北侧，从而增加了该水团与本区的距离。与改道前相比，黄河泥沙扩散的影响理应趋于减弱。

(6)黄河入海泥沙的数量不断减少。如 1950—1959 年入海泥沙量达 13.2 亿 t，而此后的 1970—1979 年、1990—1999 年和 2000—2003 年分别减至 9 亿 t、3.9 亿 t 和 1.1 亿 t。随着我国国民经济的快速发展，用水量将随之增加，多年平均的泥沙入海量将随入海径流量的减少而维持在一个较低的水平上，这一情况无论对河口沙嘴向外延伸速度和长度，还是口外浑水扩散范围，都将产生制约性的影响，显然有利于广利港正常水深的维护。

(7)正常天气情况下，水体含沙量较小，港口的淤积量有限。但即使在长度有限的防沙堤建成后，较强波浪期的泥沙淤积，特别是外航道的骤淤问题不容忽视。如果以小时统计的波浪资料来看,频率0.2% ~0.4%之间的NE向强浪(波高≥3.0m)一年内出现的次数约17 ~35次,因此大风浪引起的骤淤问题将是一个值得重视的问题。

对上述几点加以总结,可以得到三点基本认识:一是在1996年以前,黄河泥沙扩散对本区有影响;二是黄河改由"清8断面"入海后,其浑水扩散对本区的影响趋于减弱;三是,从本工程海域 -5m等深线以浅的浅滩物质(平均中值粒径 d_{50} 总体在0.03 ~0.1mm范围)具有易起动、悬扬也易沉降,海区滩坡平缓、波浪掀沙是港口淤积的主因。

从目前规划的港口规模等具体情况出发,由于港区规模不大,单靠疏浚或过分依赖延堤减淤均不可取。其泥沙治理,以采用适度修建防沙堤,辅以适当泥沙疏浚的应对治理措施为宜。在减少港口淤积量同时,防止外航道局部淤强过大等不利情况的出现。

7.1.4 广利港区规划方案航道内水流及泥沙回淤预测

如前所述,广利港区泥沙活跃,波浪是泥沙起动的主要动力,同时广利港区要完成航道建设,需进行较大规模的开挖疏浚,因此建设高水防沙堤对航道进行掩护是十分必要的。防沙堤在减少淤积的同时,能够解决河槽摆动及拦门沙问题,由此航道走线、掩护方案等亟待解决。

1)航道走向的选取

航道选线是本港建设时首要解决的问题,论证时结合海域使用等,通过三种基本航道走线方案(方案一:航道轴线方向角261° ~81°;方案二:251° ~71°;方案三:241° ~61°),对此问题进行论证。工程设计方案如图7.15所示。

航道选线涉及的因素很多,其中,除了航道轴线与强浪向、强风向的交角,航道开挖区的土类,以及两侧堤区沉积物的土力学性质等,是航道选线需考虑的因素以外,泥沙问题,特别是粉沙质海岸开敞航道的淤积,也是决定航道走向的重要条件之一。广利港区航道走向论证主要从航道与等深线的距离、首次开挖量的大小、航道区的床沙状况以及航道走向与涨、落潮流向的交角等方面进行考量,对比结果汇总于表7.1。

航道轴线走向与各特征量关系 表7.1

方案		方案一:261° ~81°	方案二:251° ~71°	方案三:241° ~61°
与平均潮流流向交角	涨潮	10°	4°	20°
	落潮	13°	17°	34°

续上表

方　　案		方案一:261°~81°	方案二:251°~71°	方案三:241°~61°
与最大潮流流向交角	涨潮	10°	5°	15°
	落潮	7°	9°	18°
与 -6m 线交角		60°	90°	95°
底质 d_{50}(mm)	-5m	0.03	0.033	0.026
	-6m	0.02	0.025	0.022
	-7m	0.017	0.015	0.01
	-8m	0.022	0.014	0.013
	-9m	0.01	0.005	0.015
	-10m	0.015	0.007	0.008
底质黏土含量(%)	-5m	15	19	18
	-6m	23	24	24
	-7m	30	25	35
	-8m	17	31	27
	-9m	31	37	25
	-10m	28	32	33
与 NE(常)强浪向交角		36°	26°	16°
开挖量		大	较小	小
黄河泥沙扩散影响		小	较小	大

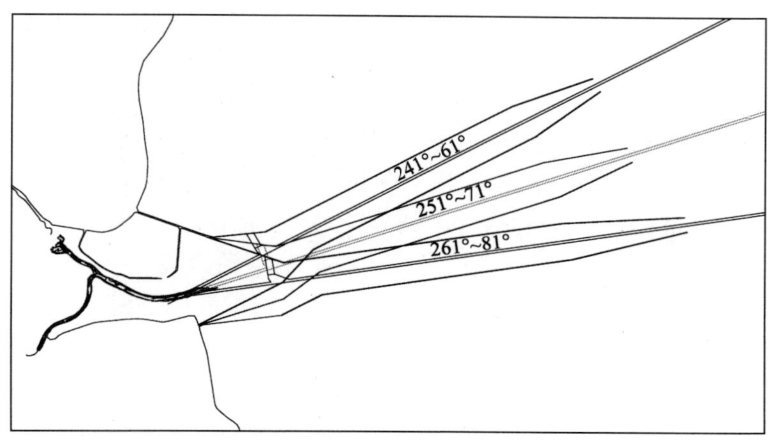

图 7.15　工程设计方案

(1)底质的分布情况。

鉴于整个莱州湾底质环境受到黄河口入海水沙扩散的影响,呈现出"北细南粗"的规律,如果航道轴线偏北(方案三),则外航道更靠近泥沙较细方向。对粉沙质海岸泥沙易起动、悬扬、易沉降的性质来说,方案三在性质上更有利,但距黄河口泥沙直接扩散的有效距离却最近,黄河口飘沙影响会加大;偏南设计(方案一)泥沙环境则趋向较粗,受较活跃粉砂物质的影响相对较大;趋中设计(方案二)则相对较好。

(2)航道建设的首次开挖量,即切割拦门沙程度。

从切割拦门沙程度的不同进行划分,则方案一属于全部切割(航道轴线大约自拦门沙中部区域通过),方案二属于半切割(拦门沙段的航道,只部分切割拦门沙通过),方案三属于无切割(航道在拦门沙北缘外侧通过)。在防沙堤延伸至 -6m 水深条件下,从拦门沙段航道首次开挖量的大小出发,以方案三较好,方案二趋中,方案一较差。

(3)航道轴线与水流向的交角,也是航道选线的重要指标之一。

根据外海水域实测点潮流资料以及潮流数学模型流场提取的开敞外航道潮流数据综合分析,对航道走向应与水域涨落潮流向之间的交角尽量小为合理的考量。

但是,出于外航道是港口淤积重点区域以及在非 NE 向的其他海向大风(含中高强度风)来临时,临港浅滩泥沙掀扬对淤积的影响主要通过落潮水体沿堤并跨越外航道落淤而实现的考虑,故从减淤角度出发,以注意缩小航道走向与落潮流向之间的夹角为宜。

鉴于此,经所在位置测点的潮流流向数据计算,对于平均流向来说,方案一航道与涨潮流向交角为 10°,落潮交角为 13°;方案二航道与涨落潮交角分别为 4°和 17°;方案三航道与涨落潮交角分别为 20°和 34°。初步分析认为:方案三涨、落潮的夹角都过大;从落潮期的交角来看,以方案一最佳;如果在主要考虑落潮期交角的同时,适当顾及涨潮期趋于有利的交角,则方案二好。

(4)航道轴线设计还应适当考虑黄河口泥沙扩散影响。

黄河泥沙扩散对广利港的直接影响由北向南逐渐减轻,不同的航道平面设计轴线,黄河泥沙扩散对其影响程度不同。偏北的设计(方案三),尽管与黄河口外浑水一般扩散范围相对最近,但航道长度却较短;方案一与方案三正好相反,即距黄河口浑水扩散外缘线的距离最远,但航道却相对较长;方案二的优势和劣势,则介于其他两个方案之间,作为拟选方案要好一些。

如上所述,可见航道走向方案二综合较优。

不同航道走线方案的泥沙回淤情况，通过数学模型试验研究方式进行对比分析。图7.16对三种基本方案10年一遇大风作用下航道淤积厚度进行比较。

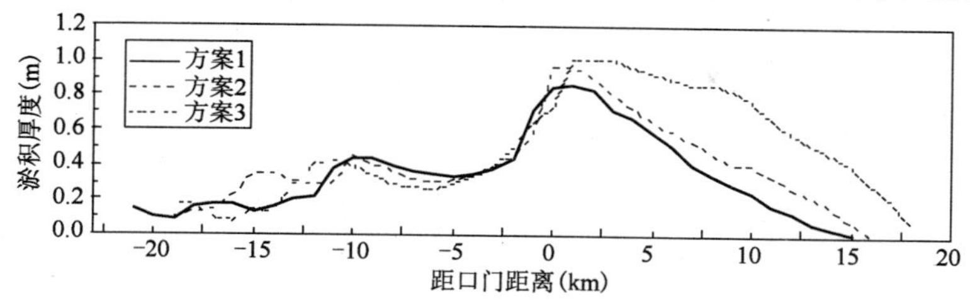

图7.16 10年一遇大风作用下航道淤积厚度比较

可见，三种方案航道淤积趋势相同，均为在口门内淤积厚度较小，在口门附近淤积厚度达到最大，然后随着进一步远离海岸淤积厚度逐渐减小。

外航道最大淤积厚度，方案三最大，方案一最小，方案二较方案一略大；平均淤积厚度，方案三较方案一大0.26m，方案二较方案一大0.08m。口门附近最大淤积厚度相差不是很多，分别为0.87m（方案一）、0.97m（方案二）和1.02m（方案三），最大相差0.15m。

淤积强度从口门处开始往里陡然减小，在0至−5km范围内三种基本方案航道淤积强度相差很小；从−5km至−10km处，方案一航道淤积强度较方案二和方案三都大，方案三最小；−10km以内三种方案变化规律不是很明显，与广利河口原有深槽和拦门沙有关。从淤积总量来看，方案三比方案一多淤积40.5%，较方案二多23.3%。

为了更清楚地对三种基本方案的水流泥沙情况进行比较，表7.2列出了三种基本方案特征流速和淤积情况。

三种基本方案比特征流速和淤积情况对比 表7.2

必选内容	方案一	方案二	方案三
北防沙堤最大流速(m/s)	0.55	0.69	0.85
南防沙堤最大流速(m/s)	0.38	0.39	0.55
航道最大流速(m/s)	1.03	0.83	0.74
航道最大横流(m/s)	0.24	0.42	0.54
最大淤积厚度(m)	0.87	0.97	1.02
航道淤积量比值	0.88	1	1.23

根据前面从流场和航道淤积角度的分析和比较，单从潮流和泥沙角度考虑，方案一和方案二都是可行方案。结合表7.1，方案二为航道走向的推荐方案。

2)航道掩护方案对比

为了进一步确定广利港区航道整治工程的布置形式,并结合对航道轴线的论述,以方案二为基本方案,继续采用数值模拟的手段从潮流流场和航道淤积角度对防沙堤形式、口门位置、口门宽度和防沙堤间距进行进一步分析和比较,对比方案见表7.3。

各方案布置情况(单位:m)　　表7.3

参考内容	方案二	方案四	方案五	方案六	方案七	方案八
口门位置	-6	-6	-5	-7	-6	-6
口门宽度	800	800	800	800	600	800
防沙堤间距	1500	1500	1500	1500	1500	1000
防沙堤形式	折线形	直线形	折线形	折线形	折线形	折线形

防沙堤布置形式、口门位置、口门宽度和防沙堤间距等的确定,将从沿堤流、航道内流速和最大横流、航道淤积强度等方面进行分析和比较。

(1)防沙堤形式

图7.17和图7.18分别比较了两种方案(方案二、方案四)实施后航道内测点大潮落、涨急流速。图7.19比较了航道测点最大横流。可见:

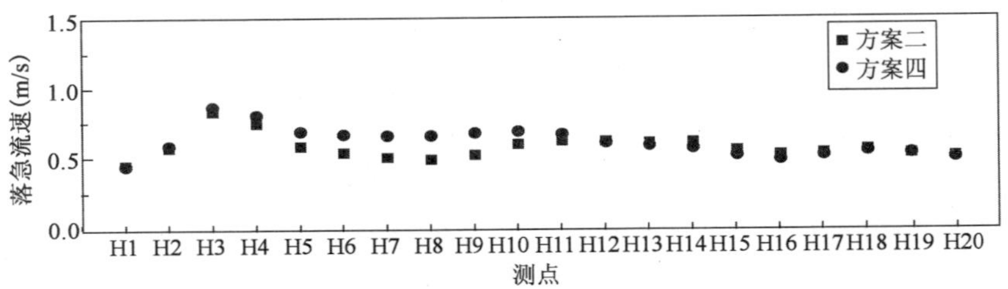

图7.17　航道测点落急时刻流速比较(不同防沙堤形式)

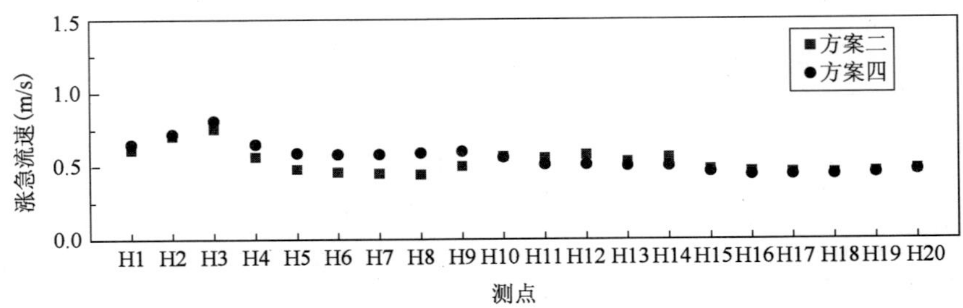

图7.18　航道测点涨急时刻流速比较(不同防沙堤形式)

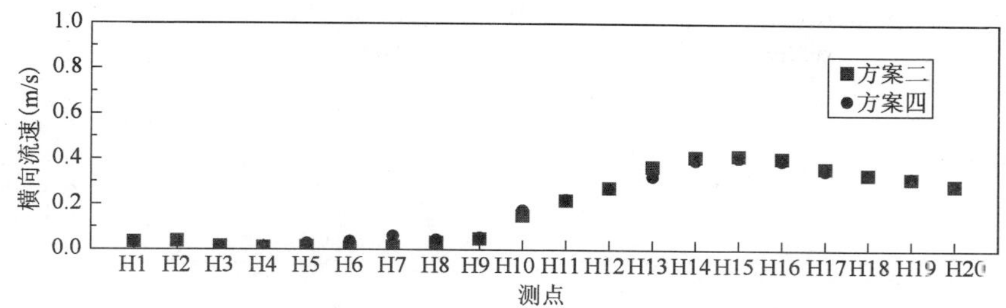

图 7.19 航道测点最大横流比较(不同防沙堤形式)

两种方案防沙堤两侧涨、落急流速相差较小;直线形方案内航道涨、落急流速及最大横流大于折线方案,外航道及口门处相差很小。折线形方案要好于直线形方案。

表 7.4 比较了各方案在 10 年一遇大风作用下航道淤积情况。各方案航道淤积厚度见图 7.20。对比可知:

同等间距情况下,各方案航道淤积相差不大,同等堤头位置,外航道总淤积量基本相同。

各方案在 10 年一遇大风作用下航道淤积量统计 表 7.4

方　案	内航道淤积量(万 m^3)	外航道淤积量(万 m^3)	总淤积量(万 m^3)
方案一	67.2	64.5	131.7
方案二	68.4	81.6	150.0
方案三	60.8	124.2	185.0
方案四	57.0	80.0	137.0
方案五	61.6	121.6	183.2
方案六	67.5	37.0	104.5
方案七	64.6	80.0	144.6
方案八	51.3	80.0	131.3

(2)口门位置

图 7.21 和图 7.22 分别比较了不同口门位置方案实施后航道内测点落急、涨急流速。图 7.23 比较了不同堤头位置方案航道内的测点最大横流。图 7.24 比较了不同堤头位置方案在 10 年一遇大风作用下航道淤积情况。可见:最大横流表明,口门越靠近外海,口门及航道横流越大;航道淤积强度越小。-5m 水深口门方案航道总淤积量较 -6m 水深口门方案多 33.2 万 m^3,-7m 水深口门方

案航道总淤积量较 -6m 水深口门方案少 55.5 万 m^3。

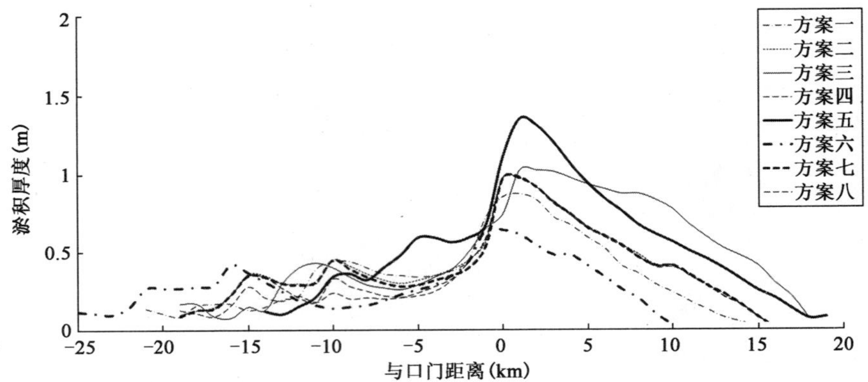

图 7.20　各方案在 10 年一遇大风作用下航道淤积厚度

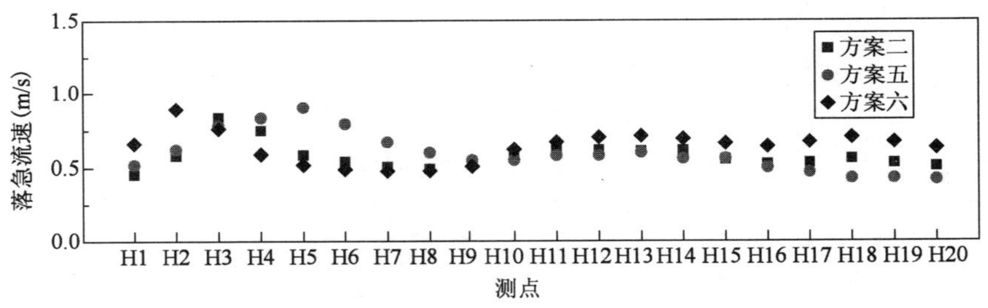

图 7.21　航道测点落急时刻流速比较(不同口门位置)

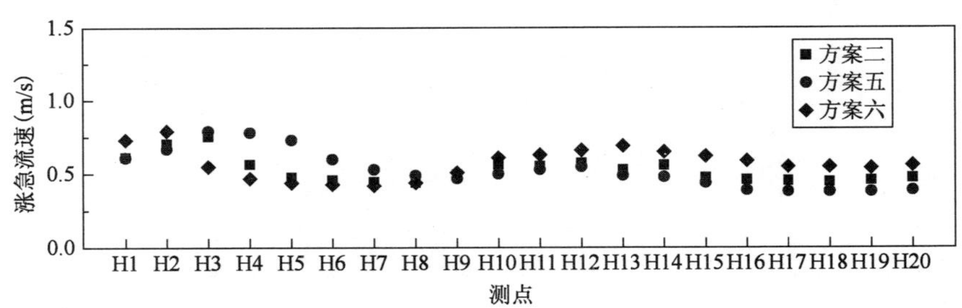

图 7.22　航道测点涨急时刻流速比较(不同口门位置)

(3)口门宽度

图 7.25 和图 7.26 分别比较了两种方案(方案二、方案七)实施后航道内测点大潮落、涨急流速。图 7.27 比较了航道内的测点最大横流。图 7.28 比较了这两种方案在 10 年一遇大风作用下航道淤积厚度情况。可见:

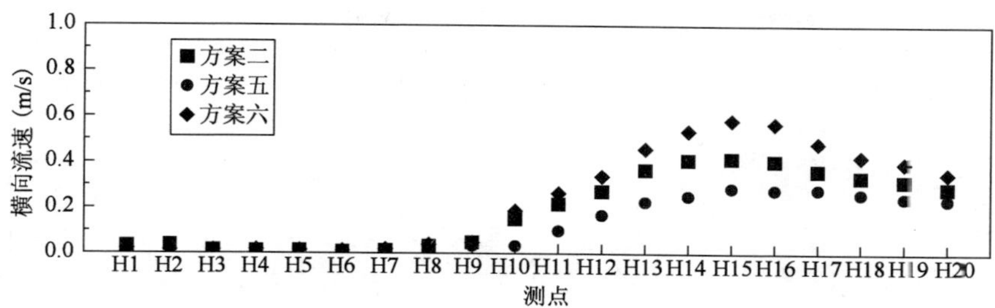

图 7.23 航道内的测点最大横流比较(不同口门位置)

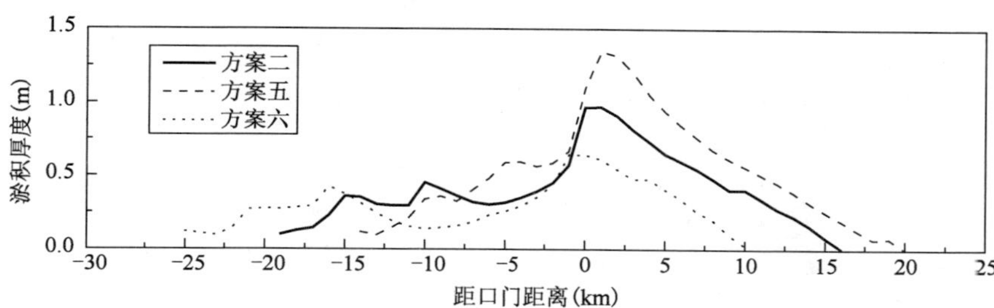

图 7.24 10 年一遇风场作用下航道淤积厚度比较(不同口门位置)

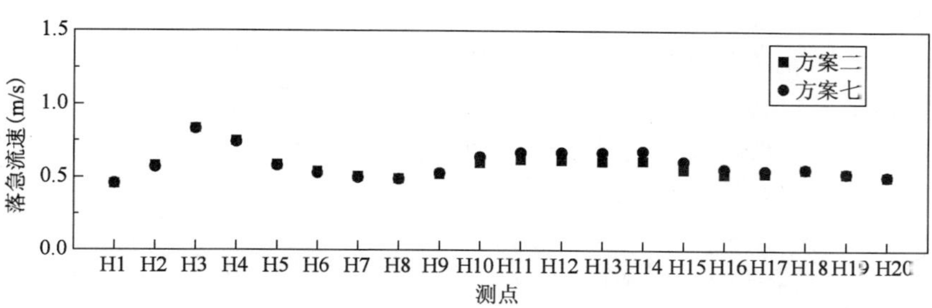

图 7.25 航道测点落急时刻流速比较(不同口门宽度)

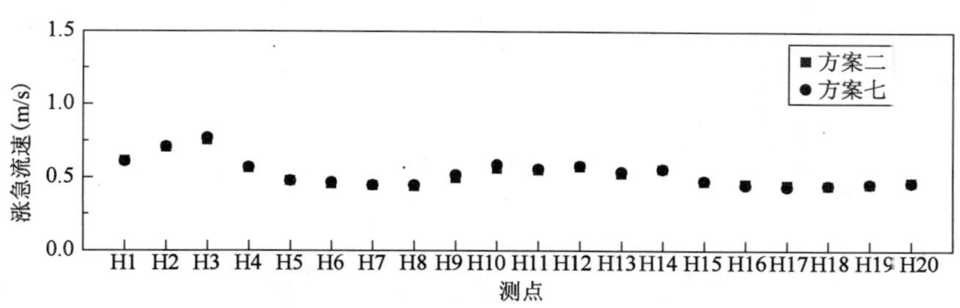

图 7.26 航道测点涨急时刻流速比较(不同口门宽度)

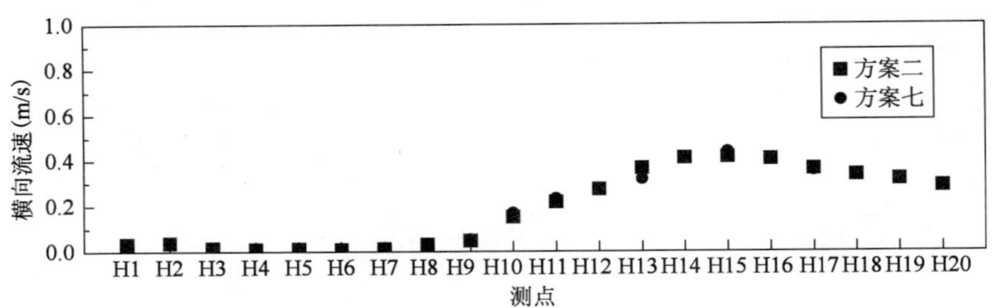

图 7.27 航道内的测点最大横流比较(不同口门宽度)

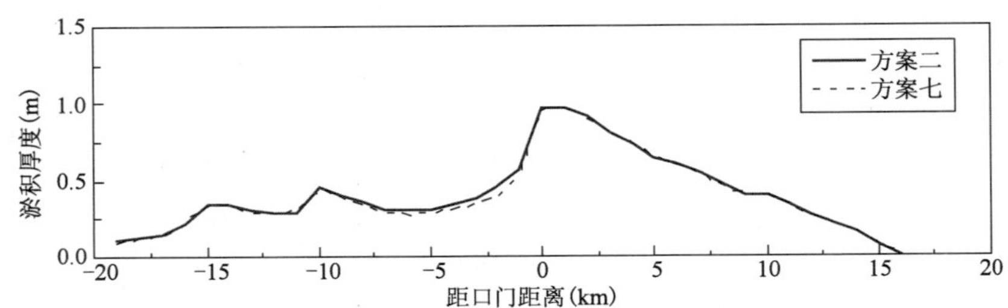

图 7.28 10 年一遇大风作用下航道淤积厚度比较(不同口门宽度)

由于这两种方案布置形式差别较小,仅口门附近流场略有不同,口门附近最大横流相差不超过 0.05m/s,其他位置的特征流速几乎相同。

由于流场等水动力场差异较小,航道内淤积情况的差异也较小,600m 宽口门方案航道淤积总量比 800m 宽方案仅小 5.4 万 m^3 左右。

(4)防沙堤间距

图 7.29 和图 7.30 分别比较了两种方案(方案二、方案六)实施后航道内测点大潮落、涨急流速。图 7.31 比较了航道内的测点最大横流。图 7.32 比较了这两种方案在 10 年一遇大风作用下航道淤积厚度情况。可见:

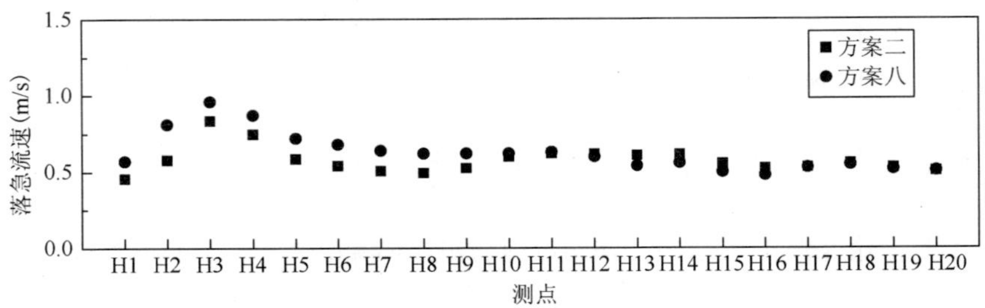

图 7.29 航道测点落急时刻流速比较(不同防沙堤间距)

防沙堤间距对航道内最大横流的影响都较小;从最大流速看,1000m 间距方案内航道涨急、落急流速大于 1500m 方案,最大相差 0.23m/s。

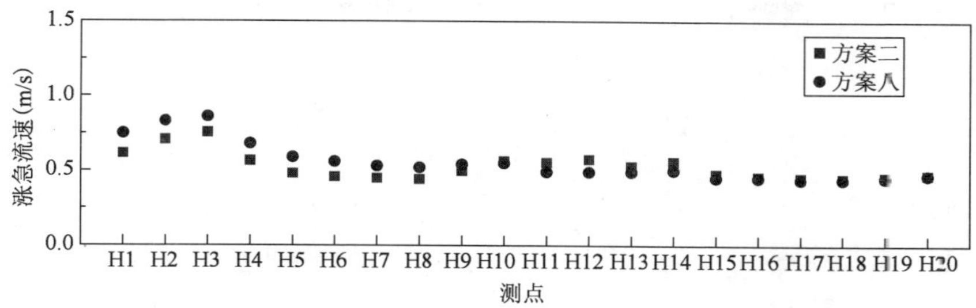

图 7.30 航道测点涨急时刻流速比较(不同防沙堤间距)

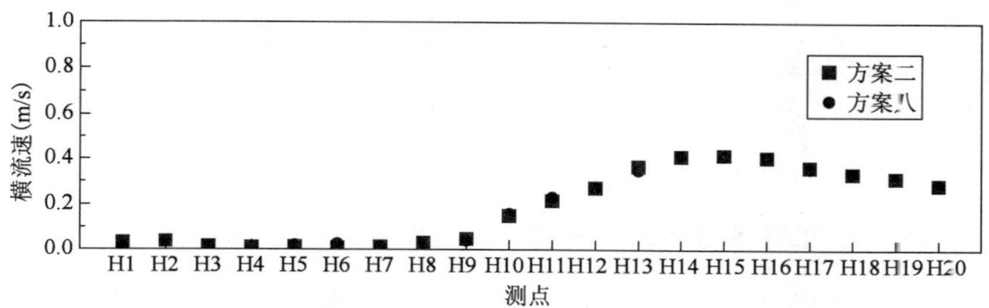

图 7.31 航道内的测点最大横流比较(不同防沙堤间距)

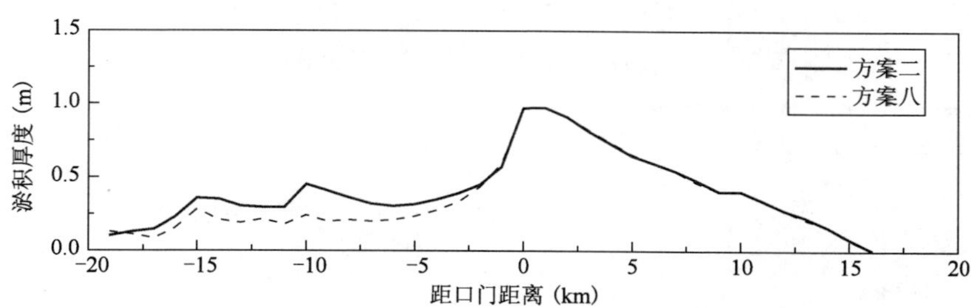

图 7.32 10 年一遇大风作用下航道淤积厚度比较(不同防沙堤间距)

由于 1000m 间距方案内航道两侧浅滩面积明显减小以及由此产生的流场变化,导致其航道淤积强度略小于 1500m 方案,航道总淤积量较 1500m 方案小 18.7 万 m^3。

通过数值模拟的手段从潮流流场和航道淤积角度对防沙堤形式、口门位置、口门宽度和防沙堤间距进行了进一步分析和比较,定量地表现了不同布置形式产生的差异,能够为工程设计提供科学参考。总体上看,防沙堤形式、间距和口门宽度在布置形式上差别不是很大,因此引起的流场和航道淤积差异也不是十分显著,而口门位置的不同使得防沙堤长度明显不同,因此对流场和航道淤积影响也较为明显。表7.5综合显示了不同布置形式在特征流速和航道淤积方面的变化。

不同方案特征流速和淤积情况对比　表7.5

水流及泥沙回淤	方案二	方案四	方案五	方案六	方案七	方案八
北防沙堤最大流速(m/s)	0.69	0.71	0.55	0.88	0.67	0.7
南防沙堤最大流速(m/s)	0.39	0.35	0.34	0.43	0.38	0.38
航道最大流速(m/s)	0.83	0.87	0.90	0.89	0.83	0.96
航道最大横流	0.42	0.41	0.29	0.58	0.44	0.42
最大淤积厚度(m)	0.97	0.97	1.35	0.64	0.97	0.98
航道淤积量比值	1	0.91	1.22	0.7	0.96	0.88

根据研究,最终确定堤头位于 -6m,口门宽度 800m,防沙堤折线形、间距1500m方案为最优选方案。

7.1.5 广利港区起步工程推荐

由于本工程建设体量巨大,且未有掩护会使得泥沙回淤严重,故合理的起步方案是工程顺利实施的关键。研究时以潍坊港单堤外侧起步方案为参考,采用了三种布置形式作为起步工程方案进行讨论,分别为起步方案一、起步方案二和起步方案三,方案布置总图及各方案具体布置情况见图7.33。

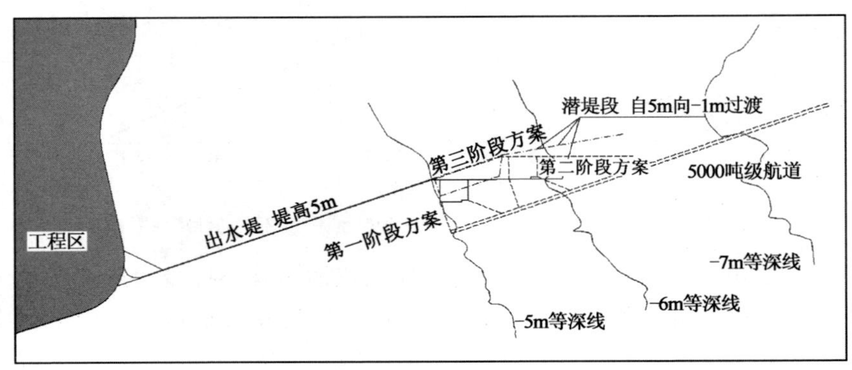

图7.33　第一、二、三阶段方案布置总图

起步方案一,单堤起步,码头布置在 -5m 等深线位置,码头以东防沙堤采用渐变的顶高程,部分为潜堤,考虑船舶,利用天然水深进出港及开挖5000吨级航

道两种工况；起步方案二，在起步方案一基础上，将码头布置在 -5.5m 等深线附近，也分利用天然水深及开挖5000 吨级航道两种工况；起步方案三，在方案二基础上，将码头作业区斜向布置，同时潜堤向北偏转一定角度，不开挖航道。

1）起步方案流场情况

（1）工程建设前流场特征分析

工程海域大范围潮流基本呈现往复运动，涨潮偏西，落潮偏东，外海流速大于近岸。涨潮时，外海水体自 NE 向 SW 方向流动，在传至近岸的过程中受地形变化的影响，流向从 NE 转为 E 向，因此工程区范围内的水体呈现 E ~ W 的往复流动。至近岸，涨潮水体受局部地形及岸线变化的影响较为明显，南侧涨潮水体绕过潍坊港潜堤堤头后一股受外侧围堤约束呈沿堤流动，一股继续向岸运动汇入小清河，中部涨潮水体自东向西流动至工程区附近分为两股，一股汇入广利河，一股汇入小清河。落潮过程与涨潮过程基本相反，水体自近岸向外海流动，在运动的过程中流向逐步发生偏转，从 W ~ E 向流动转为 NE 向流入外海。现状条件下工程海域大范围流场图见图 7.34 和图 7.35。另外，近岸存在较为广阔的高滩，且地形坡度较缓，当潮位较低时滩面大量出露。

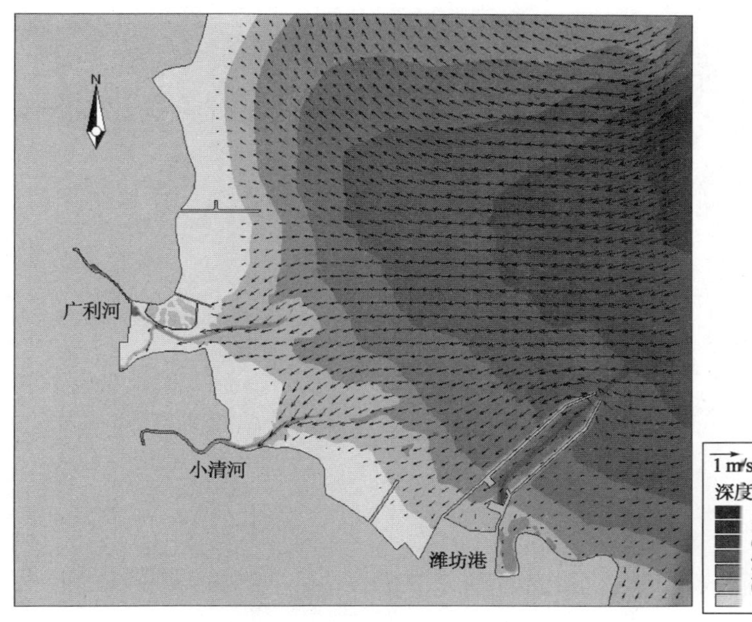

a）大范围涨急流场图

图 7.34

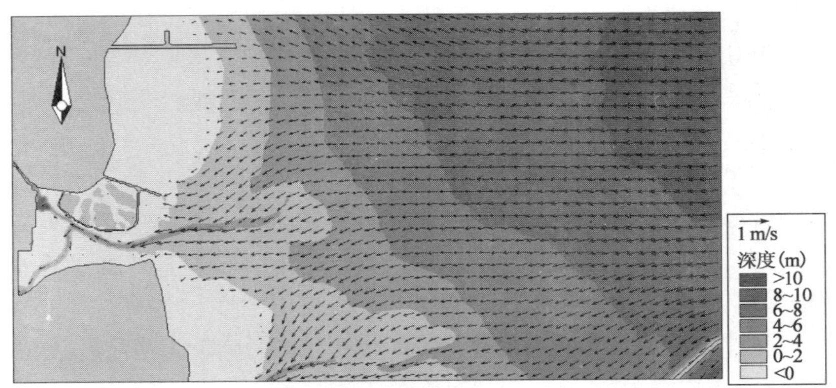

b)工程区涨急流场图

图 7.34 现状条件下涨急时刻流场图

从流速大小来看,现状条件下工程区附近水域流速在 0.3 ~ 0.7m/s,广利河口和小清河口区域受汇流影响,局部流速较高,涨急时刻河口区域流速在 0.6 ~ 0.8m/s,落急时刻流速在 0.5 ~ 0.7m/s。现状条件下工程区不同时刻流速等值线见图 7.36。

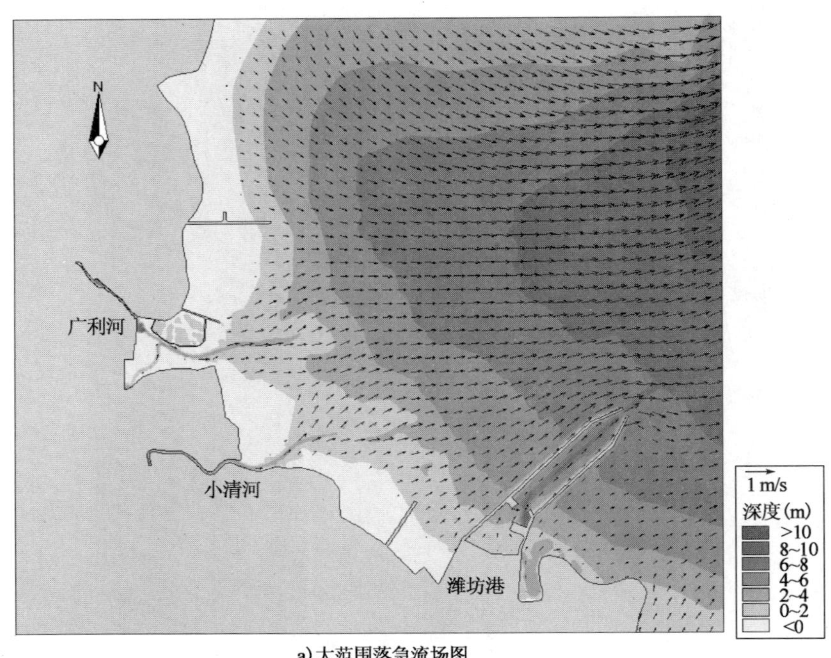

a)大范围落急流场图

图 7.35

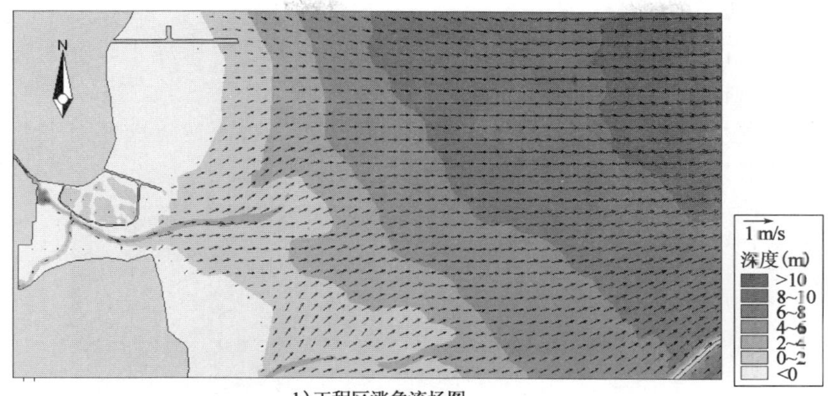

b)工程区涨急流场图

图 7.35 现状条件下落急时刻流场图

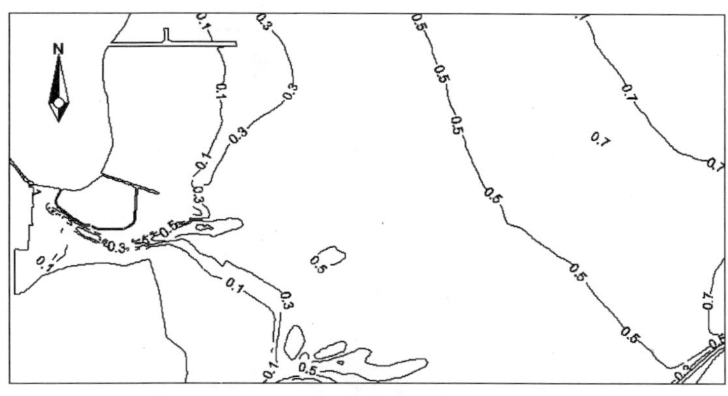

a)涨急流速等值线

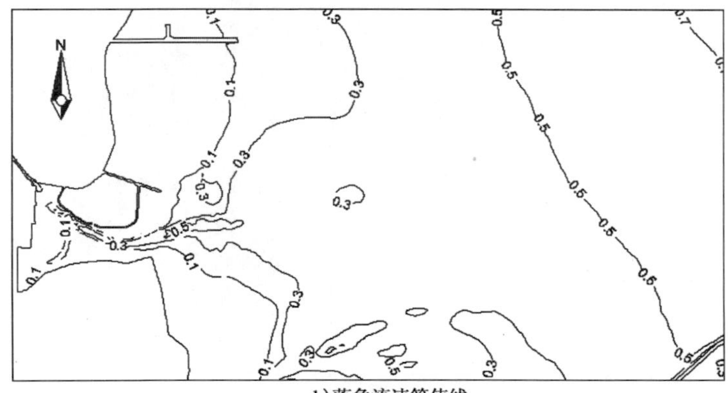

b)落急流速等值线

图 7.36 现状条件下工程区不同时刻流速等值线图

(2)方案实施后流场特征

从大范围流场图来看(以起步方案一为例),方案实施后未改变大范围海域潮流运动规律,本海域水流形态没有本质变化,海区水流变化主要体现在工程局部建设挡沙堤以及口门潜堤对水流造成的影响,使得流速流向略有变化。方案实施后大范围流场图见图 7.37。

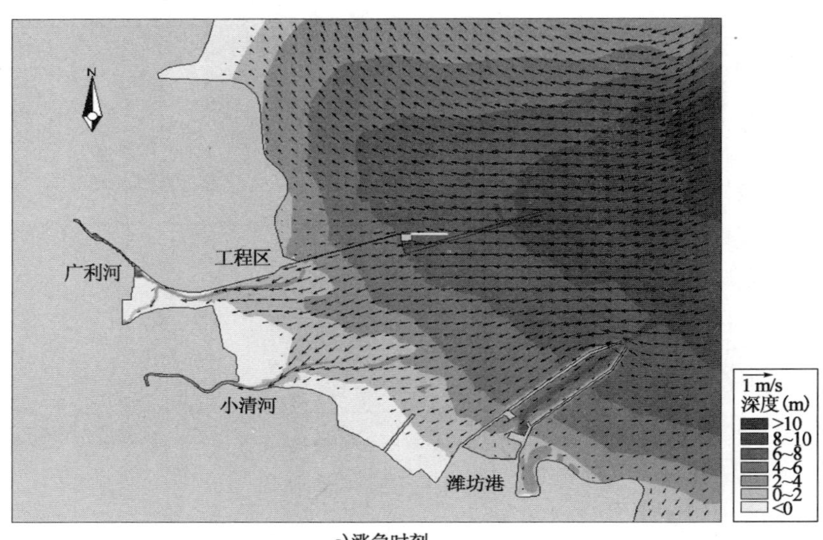

a)涨急时刻

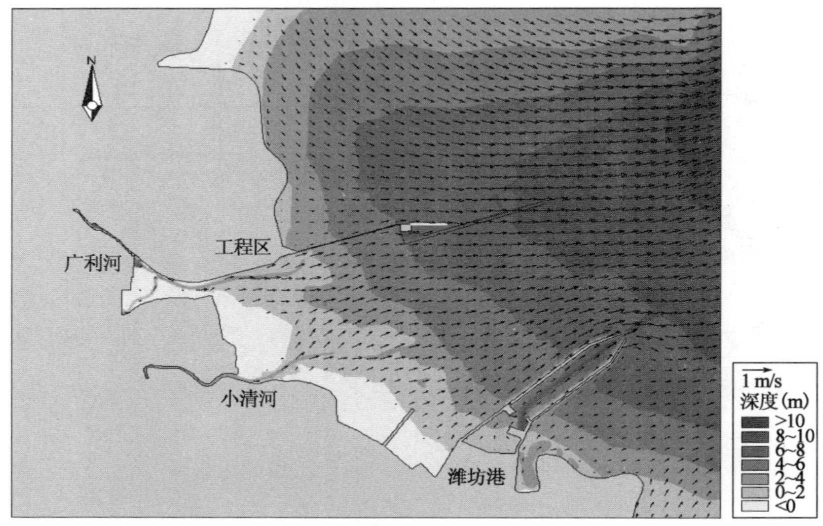

b)落急时刻

图 7.37 方案实施后大范围流场图

①起步方案一

从工程区水域的流场(图7.38和图7.39)及流速分布图(图7.40和图7.41)看,工程建成后,涨潮时,水流自东向西运动至潜堤堤头处,受堤头挑流以及潜堤越流的作用,涨急时刻堤头局部区域流速可达0.8m/s,流向由W转至SW,至码头作业区时,码头右侧岬角处也存在局部挑流,在0.4m/s左右,流向由W转至NW。挡沙堤两侧的水体受围堤的约束呈沿堤流动,受堤头挑流及越流的影响,潜堤段北侧流速明显大于南侧,而进入出水堤段后,该影响显著减小,出水堤段南侧流速大于北侧。落潮时,流态整体较涨潮平顺,水流基本受堤线约束而沿堤流动,码头作业区及潜堤堤头的挑流作用不明显,潜堤堤头处流速约0.5m/s。

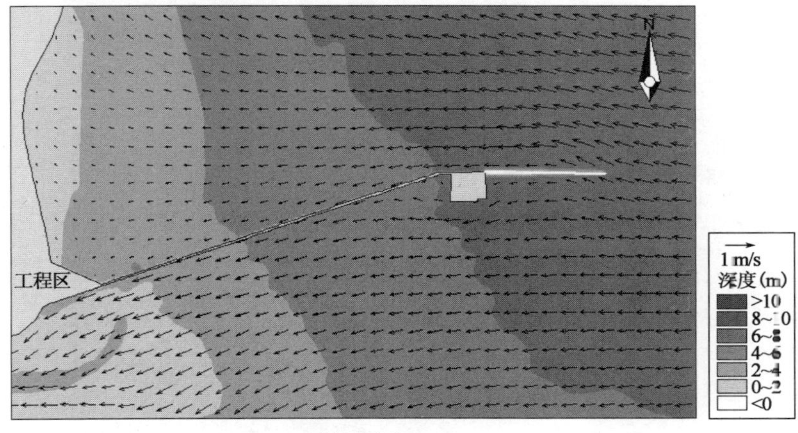

a)起步方案一

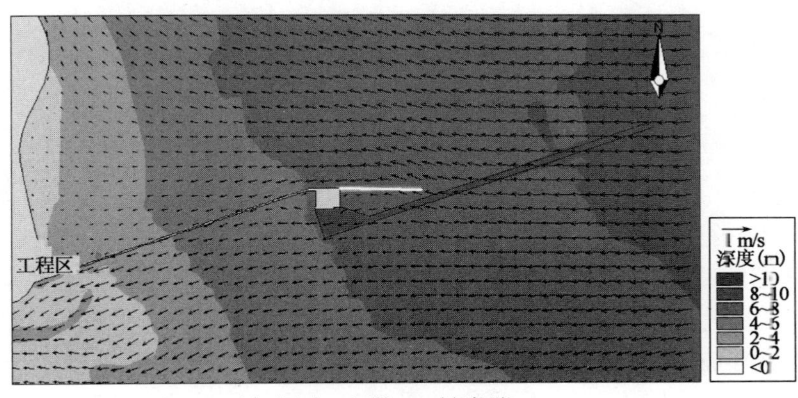

b)起步方案一(开挖5000吨级航道)

图7.38 第一阶段两方案实施后工程区涨急时刻流场图

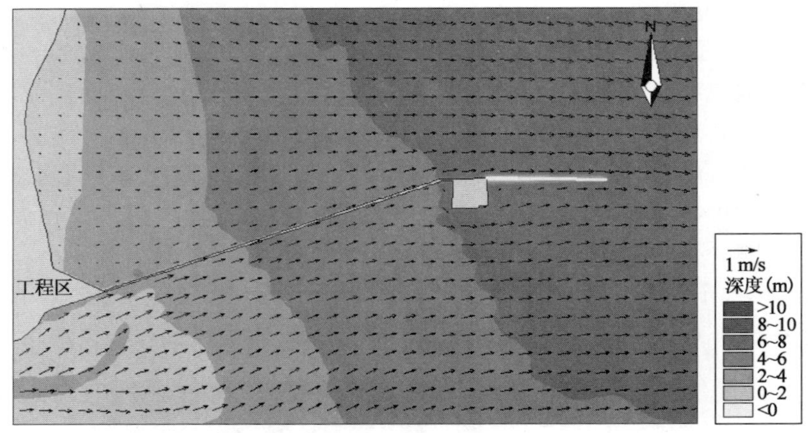

a)起步方案一

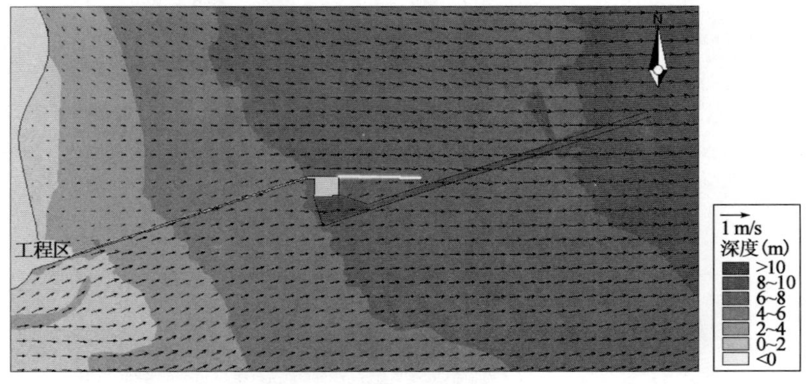

b)起步方案一(开挖5000吨级航道)

图7.39　第一阶段两方案实施后工程区落急时刻流场图

起步方案一实施后泊位区全潮平均流速在0.2~0.3m/s,较工程前略有减小,减幅在0.1~0.15m/s;开挖5000吨级航道后泊位区流速在0.14~0.3m/s,略小于不开挖方案。

开挖航道后,航道内平均流速在0.25~0.4m/s,较工程前流速整体有所减小,但减幅不足0.1m/s;航道内横流较小,无流速大于0.5m/s的横流出现。

②起步方案二

从工程区水域的流场(图7.42和图7.43)及流速分布图(图7.44和图7.45)来看,第二阶段方案与第一阶段方案潜堤及码头布置相同,仅仅是出水堤段延长,使潜堤堤头延伸至 -5.5m,因此对局部水域流场的改变基本一致,仅仅在量值上存在微小差异。

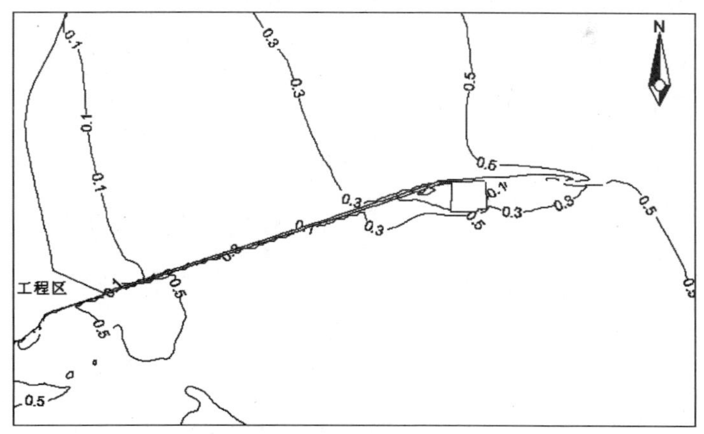

a)起步方案一

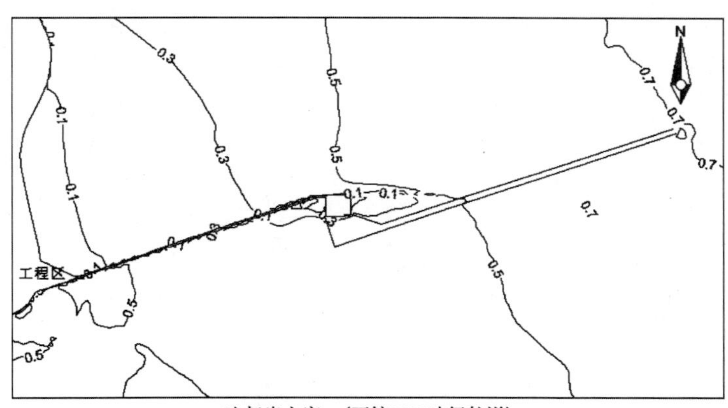

b)起步方案一(开挖5000吨级航道)

图7.40 第一阶段两方案实施后工程区涨急时刻流速等值线

工程建成后,涨潮时,水流仍然自东向西运动至潜堤堤头处,受堤头挑流以及潜堤越流的作用,涨急时刻堤头局部区域流速可达1.1m/s,流向白W转至SW,至码头作业区时,岸线岬角处也存在局部挑流,但量值较小,流速在0.45m/s左右,流向由W转至NW。挡沙堤两侧的水体受围堤的约束呈沿堤流动,受堤头挑流及越流的影响,潜堤段北侧流速明显大于南侧,而进入出水堤段后,该影响显著减小,出水堤段南侧流速大于北侧。落潮时,流态整体较涨潮平顺,水流基本受堤线约束而沿堤流动，码头作业区及潜堤堤头仍然存在挑流作用，潜堤堤头处流速最大约0.75m/s。起步方案二（开挖5000吨级航道）较起步方案二，港池和航道内的流速略有减小，减幅最大不足0.1m/s。

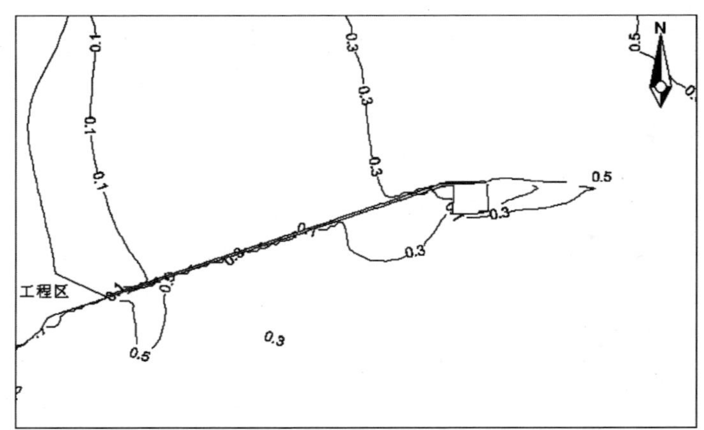

a）起步方案一

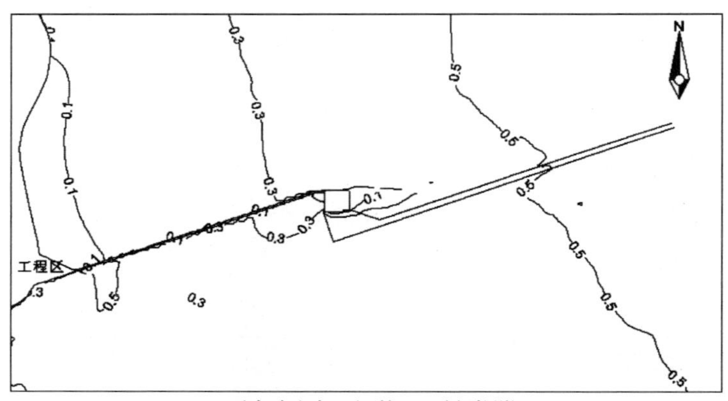

b）起步方案一（开挖5000吨级航道）

图7.41　第一阶段两方案实施后工程区落急时刻流速等值线

起步方案二实施后泊位区全潮平均流速在0.2～0.3m/s，较工程前略有减小，减幅在0.1～0.15m/s；起步方案二（开挖5000吨级航道）实施后泊位区流速在0.15～0.3m/s，略小于起步方案二。

起步方案二（开挖5000吨级航道）实施后流速沿航道轴线呈现递增的趋势，港池、航道内流速相对较小，港池流速在0.2～0.25m/s，航道受潜堤掩护

段，平均流速不足 0.3m/s，出潜堤堤头后，航道内流速有所增加，在 0.35 ~ 0.45m/s。由于流速整体不大，故航道横流不大，内无流速大于 0.5m/s 以上的横流出现。

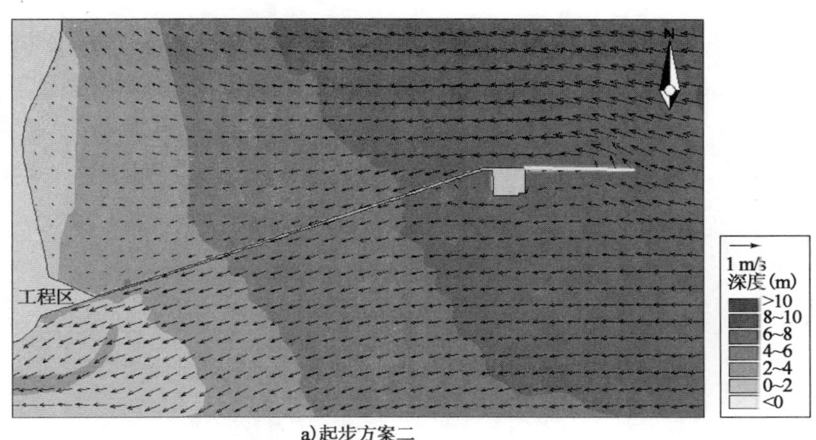

a)起步方案二

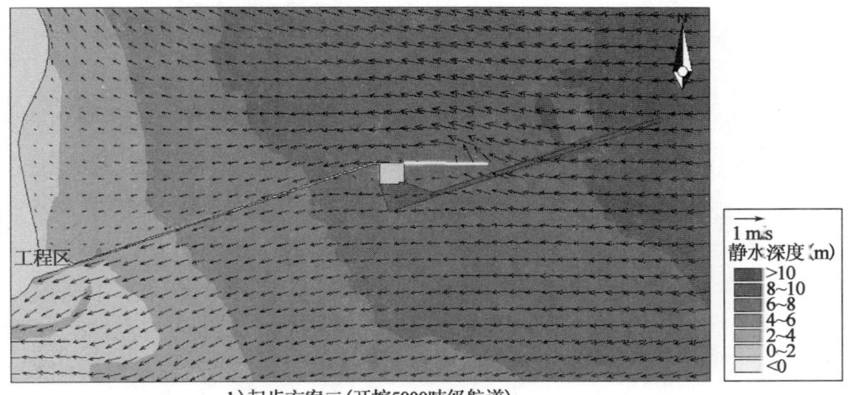

b)起步方案二(开挖5000吨级航道)

图 7.42 第二阶段方案实施后工程区涨急时刻流场图

③起步方案三

从工程区水域的流场(图 7.46)及流速分布(图 7.47)来看，方案三受堤头挑流以及潜堤越流的作用要略强于第一、二阶段的起步方案，涨急时刻堤头局部区域流速可达 1.2m/s，流向由 W 转至 SW，至码头作业区时，岸线岬角处也存在局部挑流，但流速量值在 0.40m/s 左右，流向由 W 转至 NW。挡沙堤两侧的水体受围堤的约束呈沿堤流动，受堤头挑流及越流的影响，潜堤段北侧流速明显大于南侧，而进入出水堤段后，该影响显著减小，出水堤段南侧流速大于北侧。落潮时，流态整体较涨潮平顺，水流基本受堤线约束而沿堤流动，码头作业区及潜堤堤头仍然存在挑流作用，潜堤堤头处落急时刻流速可达0.8m/s，大于第一、二阶段方案。

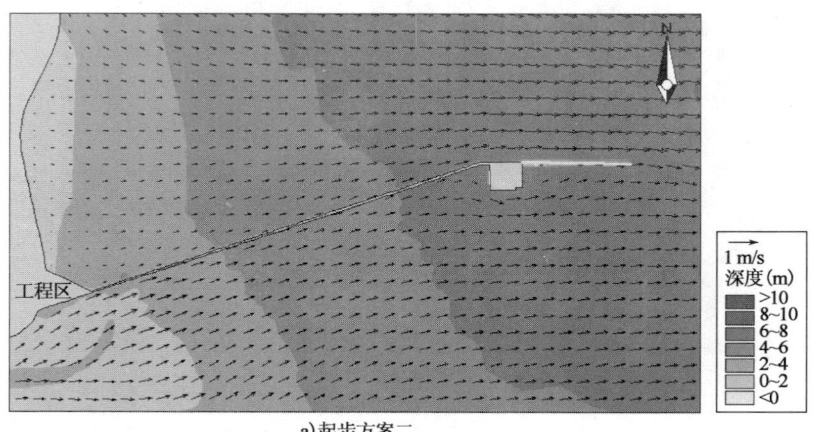

a)起步方案二

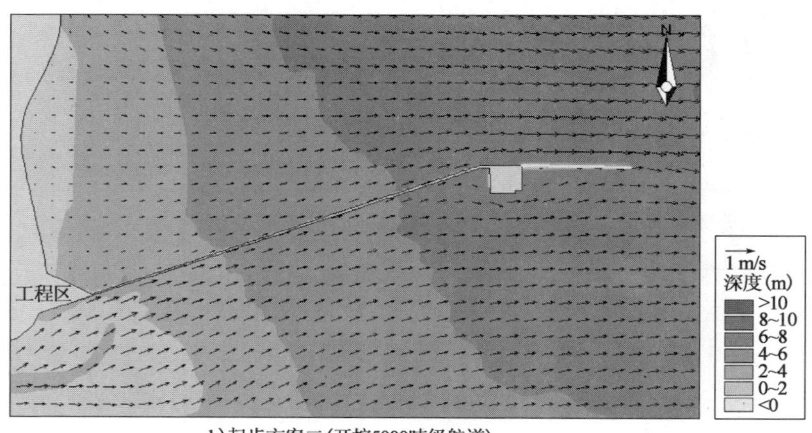

b)起步方案二(开挖5000吨级航道)

图7.43　第二阶段方案实施后工程区落急时刻流场图

(3)各方案实施后对周边流场影响

各方案的实施对周围流场影响性质基本一致，对大范围水域没有影响，仅工程区局部流速发生轻微改变。导堤北侧水域及防护堤内侧流速有所减小，全潮平均流速减幅在 0.1 ~ 0.3m/s，潜堤堤头附近流速有所增大，随着堤头向外延伸，流速增大幅度增加，最大增幅在 0.2m/s 以内。具体见图 7.48 ~ 图 7.50。

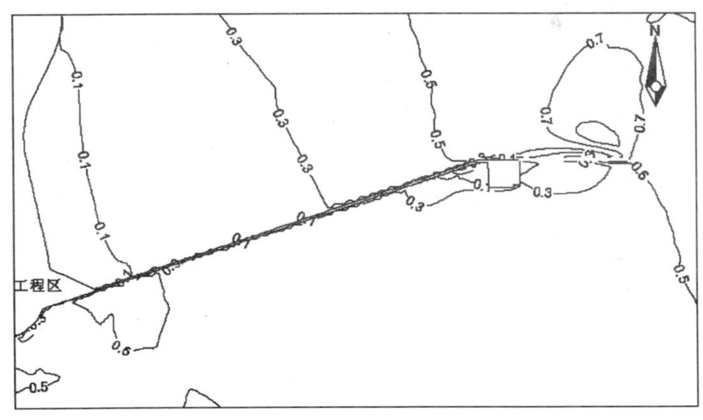

a)起步方案二

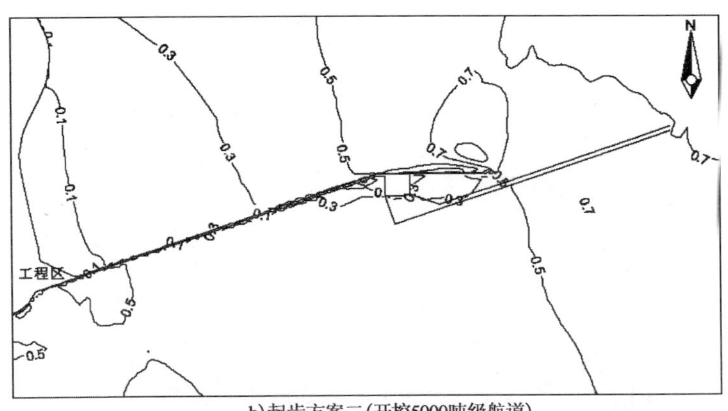

b)起步方案二(开挖5000吨级航道)

图 7.44　第二阶段方案实施后工程区涨急时刻流速等值线

2)起步方案含沙量场及泥沙回淤情况

(1)工程海域含沙量场

现状正常天气情况下，广利河口附近海域含沙量较低，小于 0.1kg/m^3，含沙量数值基本呈现近岸较高、外海略低的趋势，受黄河口来沙影响，广利河口东北海域局部含沙量较高，大于 0.1kg/m^3。对比 2008 年 10 月 15、10 月 16 日卫星遥感影像，所模拟平均含沙量场与实测含沙量分布规律较为一致。正常天气条件下现状海域含沙量场见图 7.51、图 7.52。

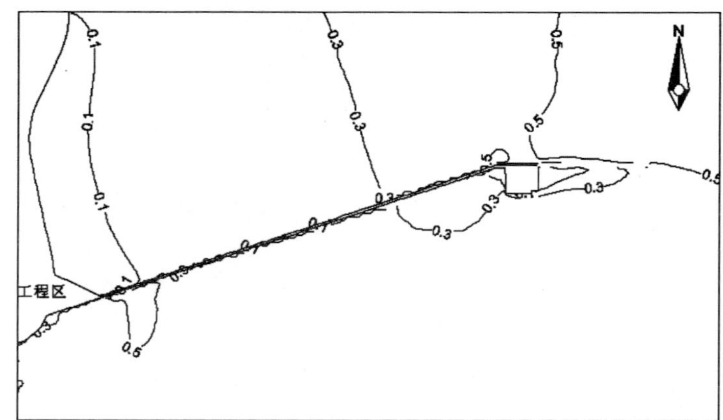

a)起步方案二

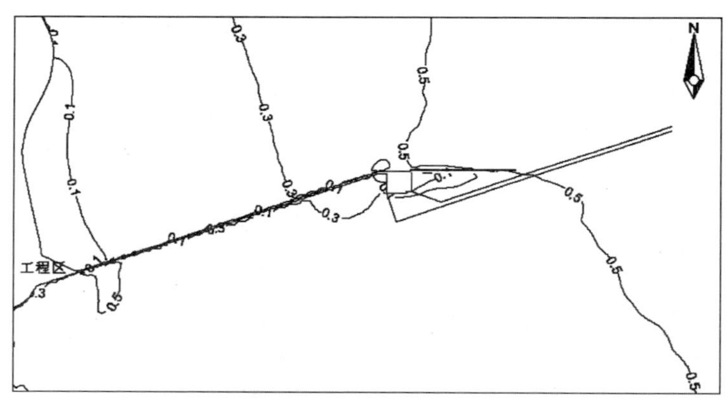

b)起步方案二(开挖5000吨级航道)

图 7.45　第二阶段方案实施后工程区落急时刻流速等值线

图 7.53～图 7.55 给出了广利港区起步方案实施后的年平均含沙量场。工程建设后含沙量分布规律与工程前基本相同,仅量值存在差异。含沙量仍为近岸较高,外海略低,其中广利河口以南的近岸含沙量最大可达 0.2kg/m^3,北侧单堤及码头区域含沙量普遍小于 0.05kg/m^3,广利河口东北海域受黄河口来沙影响局部含沙量较高,年平均含沙量大于 0.1kg/m^3 范围可达 40km^2。随着防沙堤的向外延伸,受黄河口飘沙影响程度有所加重。

(2)开挖航道工况年淤积情况

起步方案一开挖 5000 吨级航道后,港池航道沿程特征点的年淤强分布图可以看出，港池内的淤积厚度较大，最大值在1.1m左右，港池至潜堤堤头段淤积厚度逐渐减小，在潜堤堤头附近淤积厚度达到最小，约0.52m；航道出潜堤堤头后略有增加，距潜堤堤头约2km左右达到最大，在0.6m左右，至航道末端，淤积厚度达到最小，不足0.1m；港池和航道平均年淤强分别为0.94m和0.5m，年淤积量分别为81.5万m^3和43.3万m^3，年淤积总量达124.8万m^3。

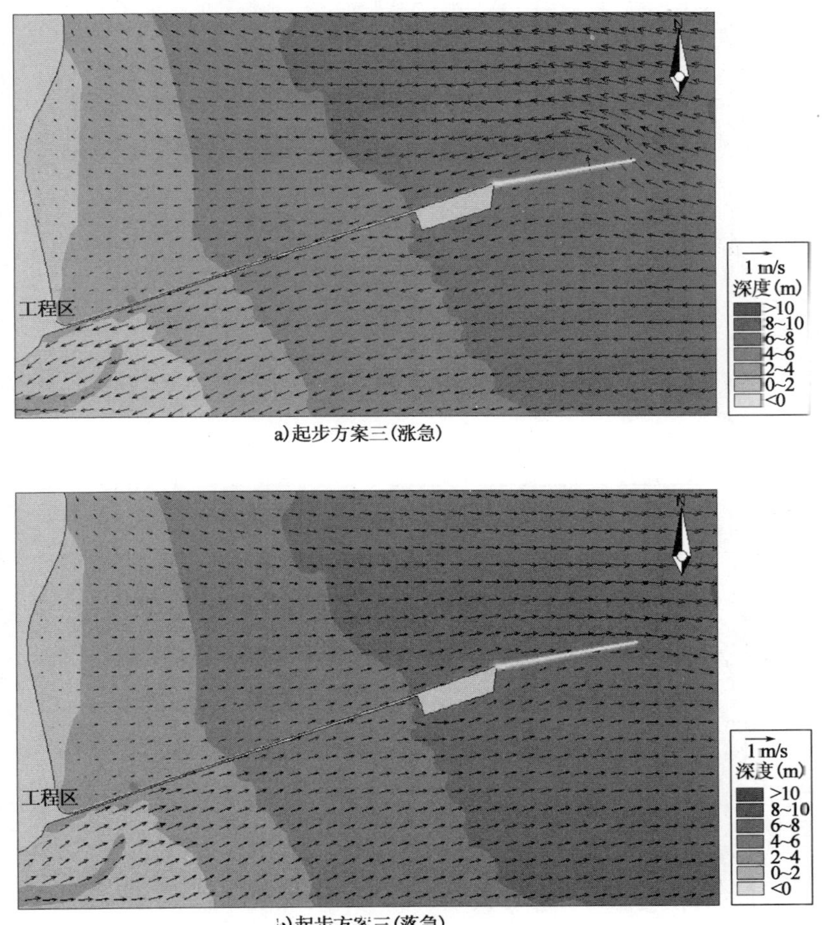

a)起步方案三(涨急)

b)起步方案三(落急)

图7.46 第三阶段方案实施后工程区涨急、落急时刻流场图

起步方案二开挖5000吨级航道后，港池内的淤积厚度较大，最大值在0.9m左右，港池至潜堤堤头段淤积厚度逐渐减小，在潜堤堤头附近淤积厚度达到最

小，约 0.40m；出潜堤堤头后，淤积厚度沿航道略有增加，距潜堤堤头约 2km 左右达到最大，在 0.52m 左右，至航道末端，淤积厚度达到最小，约 0.1m；港池和航道平均年淤强分别为 0.80m 和 0.42m，年淤积量分别为 73.6 万 m^3 和 24.2 万 m^3，年淤积总量约为 97.8 万 m^3。起步方案二由于港池和部分航道疏浚深度的减小、疏浚距离的缩短以及潮流流速较大的影响，港池航道内淤积略小于起步方案一，港池内年平均淤强约减小 0.14m，航道内年平均淤强约减小 0.08m，总淤积量约减小 27 万 m^3。

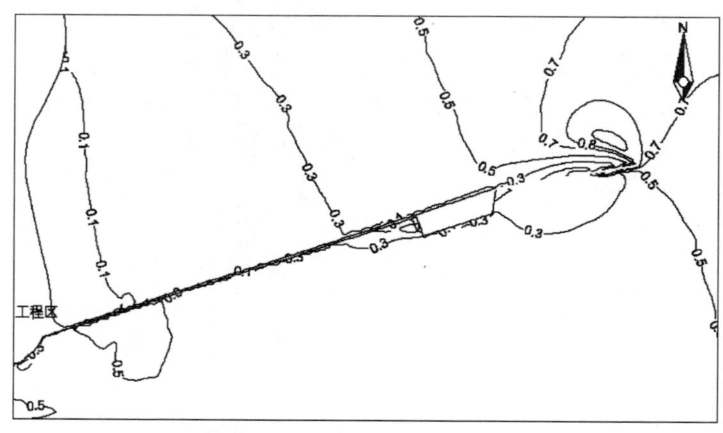

a)起步方案三(涨急)

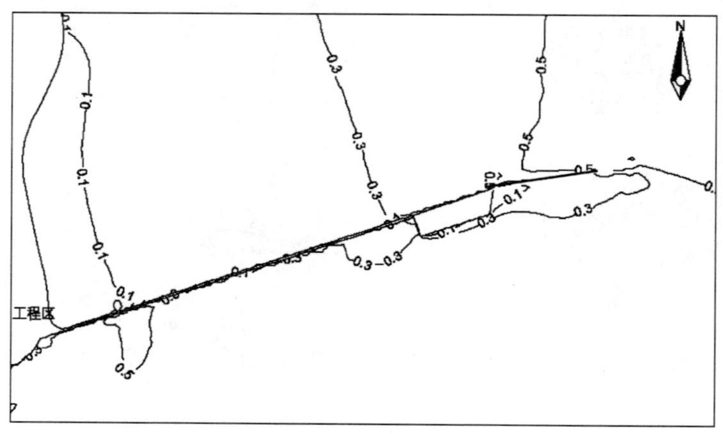

b)起步方案三(落急)

图 7.47　第三阶段方案实施后工程区涨急、落急时刻流速等值线

起步开挖方案港池航道年淤强和淤积量统计，见表 7.6。

起步开挖方案港池航道年淤强和淤积量统计 表7.6

区域	起步方案一			起步方案二		
	最大淤强(m)	平均淤强(m)	淤积量(万 m^3)	最大淤强(m)	平均淤强(m)	淤积量(万 m^3)
港池	1.1	0.94	81.5	0.9	0.80	73.6
航道	0.6	0.50	43.3	0.52	0.42	24.2
总量		—	124.8		—	97.8

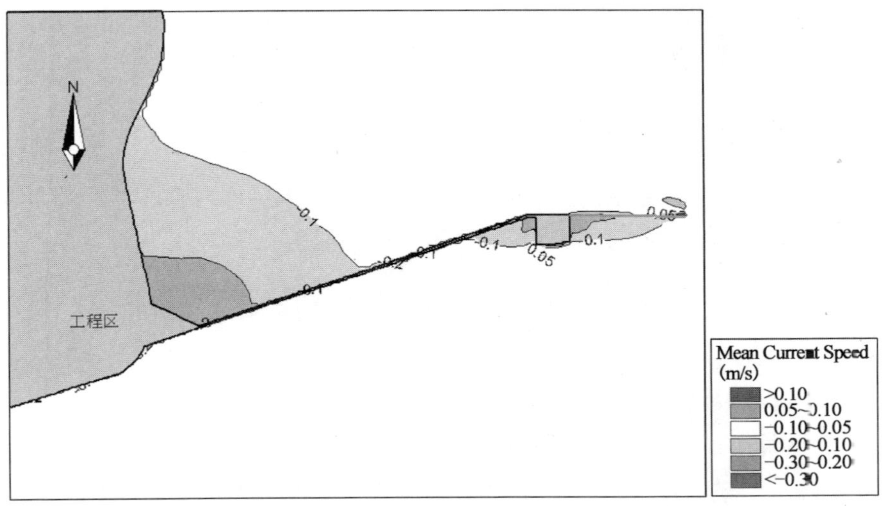

图7.48 第一阶段方案实施前后全潮平均流速差值等值线

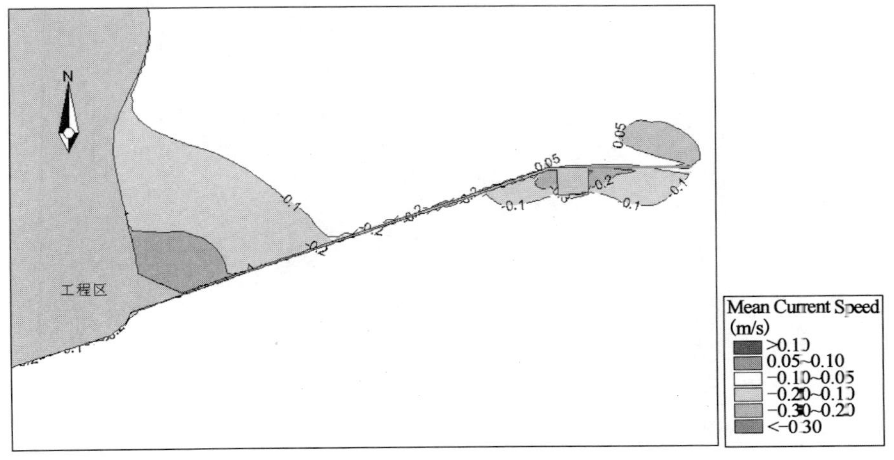

图7.49 第二阶段方案实施前后全潮平均流速差值等值线

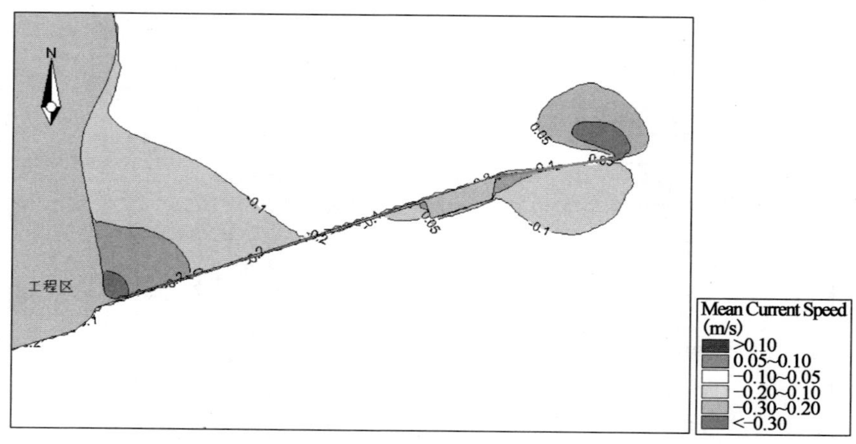

图 7.50　第三阶段方案实施前后全潮平均流速差值等值线

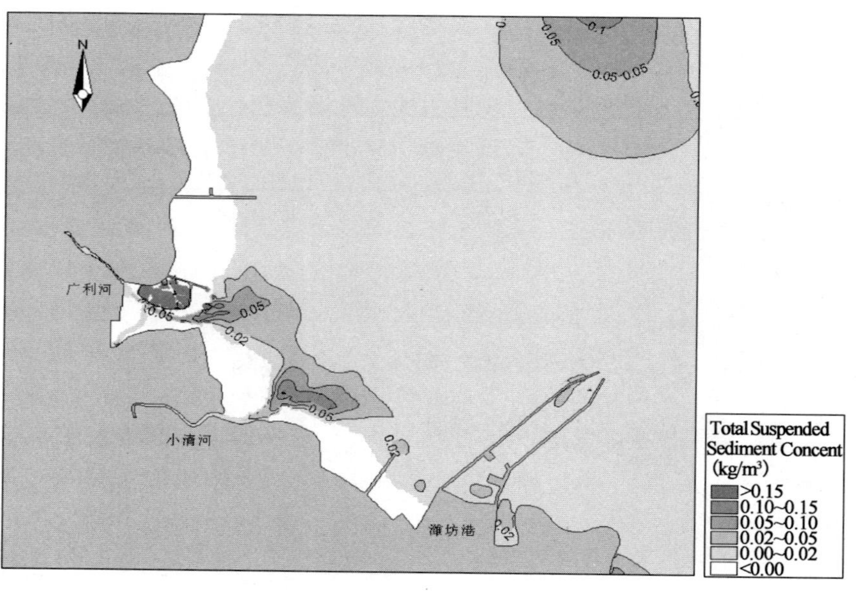

图 7.51　正常天气下大潮涨急时刻含沙量场

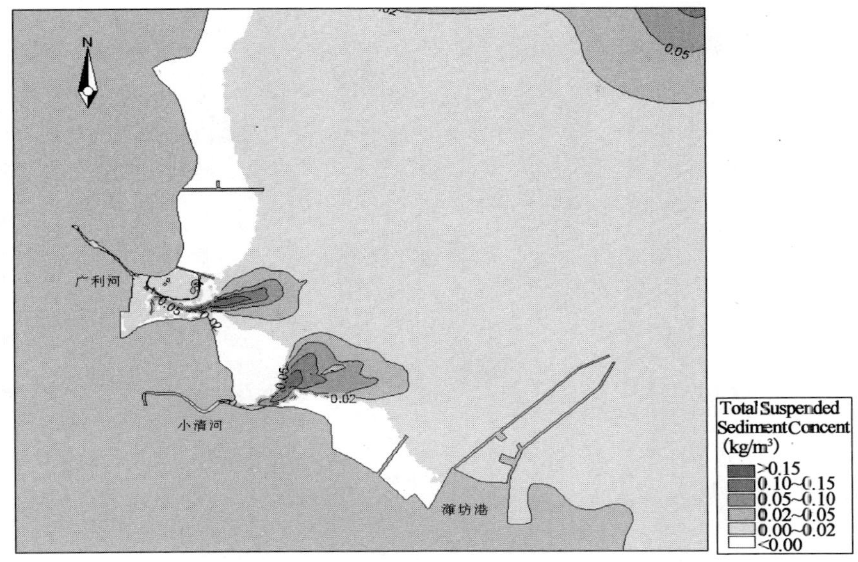

图7.52 正常天气下大潮落急时刻含沙量场

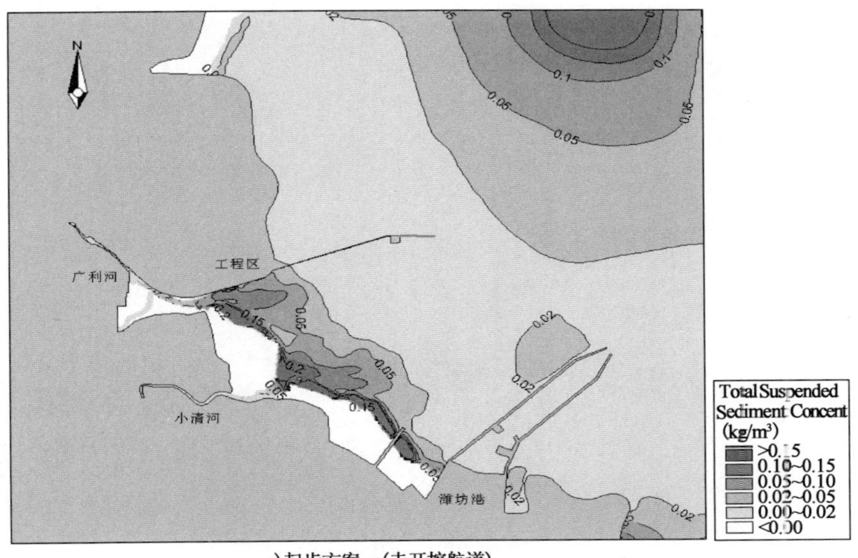

a)起步方案一(未开挖航道)

图 7.53

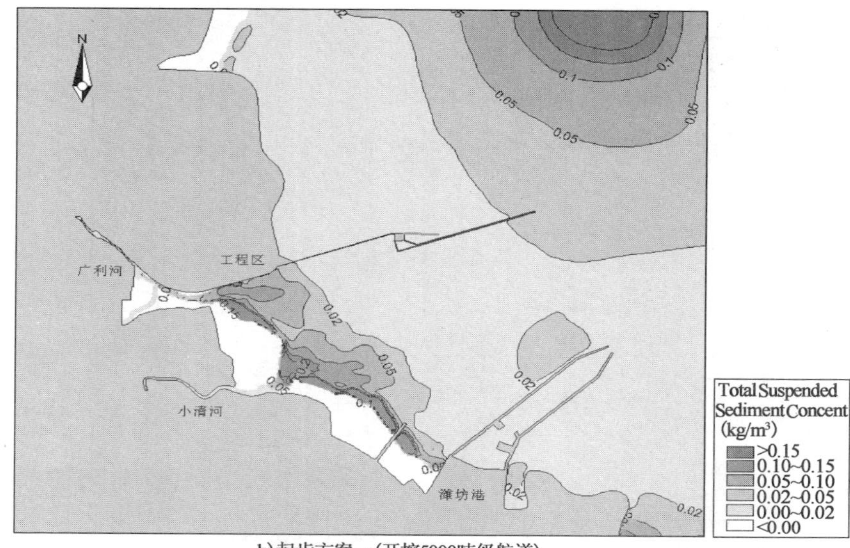

b)起步方案一(开挖5000吨级航道)

图7.53　起步方案一实施后,年平均含沙量场

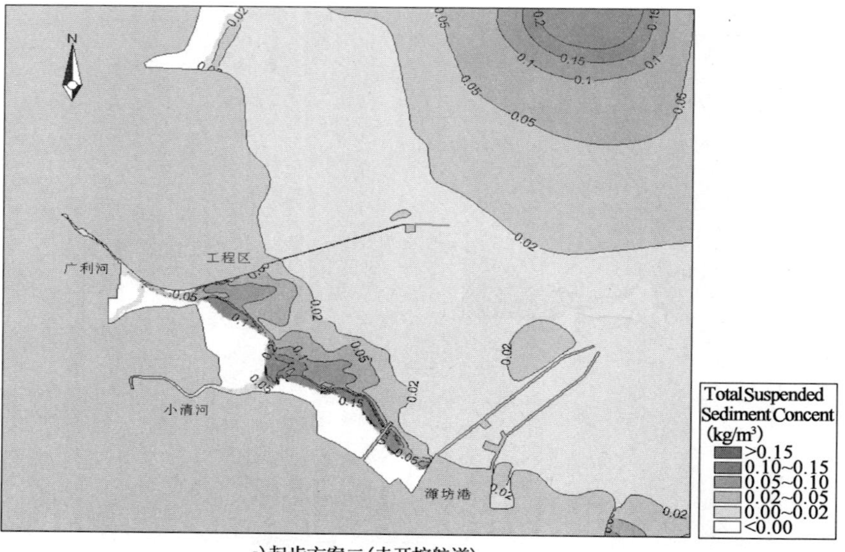

a)起步方案二(未开挖航道)

图　7.54

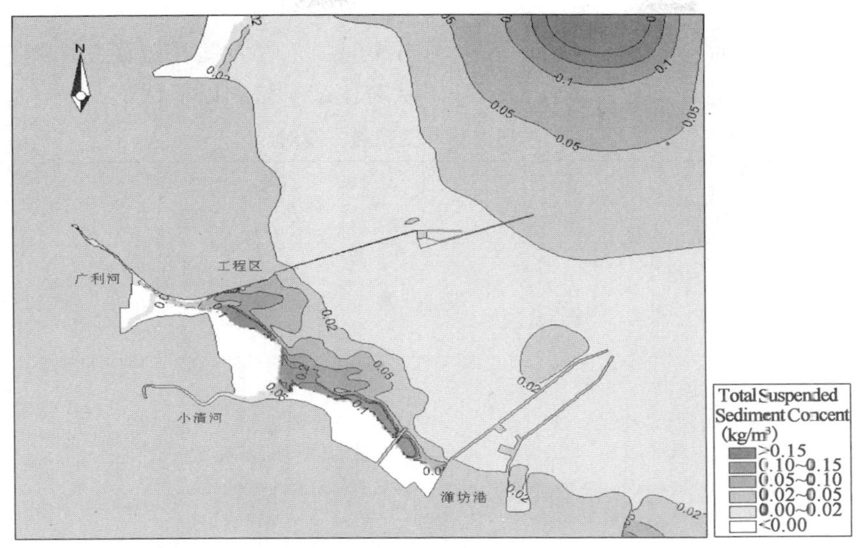

b)起步方案二(开挖5000吨级航道)

图7.54 起步方案二实施后,年平均含沙量场

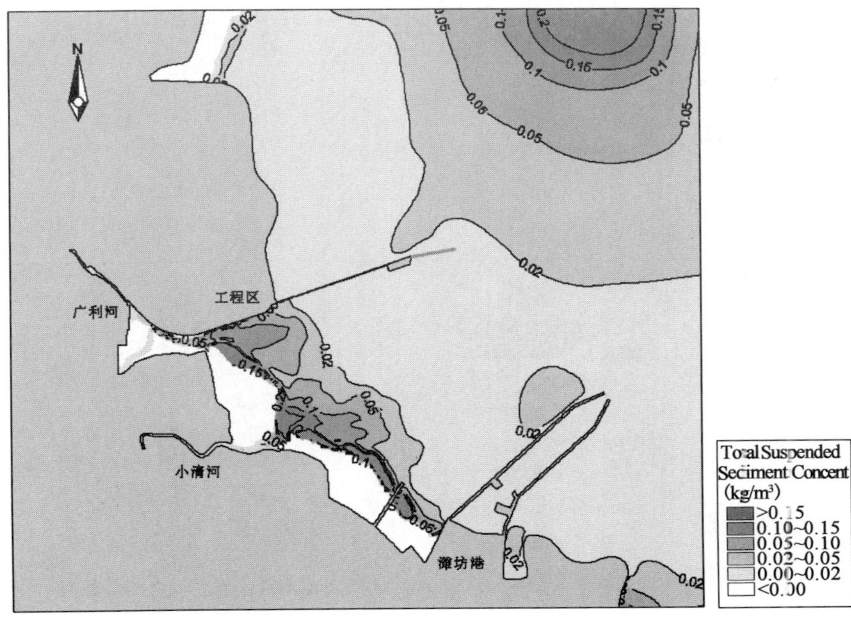

图7.55 起步方案三实施后,年平均含沙量场

3)起步方案综合对比及推荐

本章针对第一、二、三阶段五个不同的起步工程方案在流场总体特性、淤积特性等方面进行了对比,列于表7.7。从对比结果得到以下认识:

航道淤强和淤积量方案对比　　表7.7

内容	第一阶段方案		第二阶段方案		第三阶段方案
	起步方案一	起步方案一(开挖航道)	起步方案二	起步方案二(开挖航道)	起步方案三
流场整体特征	呈现往复流,涨潮流速大于落潮,外海流速大于近岸,潜堤堤头流速较大,涨急0.8m/s,落急0.5m/s		呈现往复流,涨潮流速大于落潮,外海流速大于近岸,潜堤堤头流速较大,涨急1.1m/s,落急0.75m/s		呈现往复流,涨潮流速大于落潮,外海流速大于近岸,潜堤堤头流速较大,涨急1.2m/s,落急0.8m/s
港池航道流态	泊位区平均流速0.2~0.3m/s	港池平均流速0.2~0.3m/s; 航道平均流速0.25~0.4m/s	泊位区平均流速0.2~0.3m/s	港池平均流速0.2~0.25m/s; 航道平均流速0.25~0.45m/s	平均流速0.2~0.3m/s
最大横流		最大横流0.27m/s		最大横流0.33m/s	—
航道年淤积		港池年淤强最大1.1m/a,平均0.94m/a航道年淤强最大0.6m/a,平均0.5m/a。总淤积量124.8万m³; 其中,港池81.5万m³,航道43.3万m³		港池年淤强最大0.9m/a,平均0.8m/a航道年淤强最大0.5m/a,平均0.4m/a; 总淤积量98万m³;其中,港池74万m³,航道24万m³	

续上表

内容	第一阶段方案		第二阶段方案		第三阶段方案
	起步方案一	起步方案一（开挖航道）	起步方案二	起步方案二（开挖航道）	起步方案三
大风骤淤		港池和航道大风淤强：0.42m 和0.28m；淤积量：36万 m^3 和24万 m^3；总量60万 m^3		港池和航道大风淤强：0.40m 和0.27m；淤积量：37万 m^3 和16万 m^3；总量53万 m^3	

从流的角度来看，三个阶段的流场总体特征基本一致，工程水域基本呈现往复流动，涨潮流速略大于落潮流速，外海流速大于近岸，潜堤堤头处的流速第三阶段稍大，第一阶段较小，第二阶段中等；港池航道的流速方面，五个方案相差不大，基本都在0.2～0.5m/s；横流方面，起步方案二（开挖5000吨级航道）最大横流流速0.33m/s，历时3h，较起步方案一（开挖5000吨级航道）相比量值和历时均稍大；沿堤流方面五个方案相差不大，堤内侧全潮最大流速均在0.25～0.65m/s，堤外侧流速第三阶段的方案较大，潜堤堤头处最大流速可达0.9m/s，第一、二阶段方案基本相同，最大流速在0.6m/s左右。

从淤积的角度来看，起步方案一、起步方案二、起步方案三这三个不开挖航道的方案，天然情况下不会产生较大的淤积，仅仅在潜堤堤头有所冲刷，第一年最大冲深在1～1.5m，而第一、二阶段两个开挖航道的方案淤积较大。从淤积趋势来看，港池年淤强在1m左右，潜堤堤头附近淤强较小，在0.4～0.5m，出堤头后约2km，年淤强略有增大在0.5～0.6m，至航道末端年淤强减小至0.3m左右；从年淤积来看，两个方案港池内年淤强在0.8～0.9m，航道内年淤强在0.4～0.5m，起步方案一（开挖5000吨级航道）总淤积量达125万 m^3，起步方案二（开挖5000吨级航道）总淤积量在100万 m^3；从大风淤积来看，两个方案港池内大风淤强在0.4m左右，航道内大风淤强在0.28m左右，起步方案一（开挖5000吨级航道）总淤积量在60万 m^3 左右，起步方案二（开挖5000吨级航道）总淤积量在50万 m^3 左右。

因此整体来看，开挖航道的淤积对5000吨级航道负担较重，且粉沙质海岸泥沙骤淤问题严重，因此建议起步方案尽量外移，且不开挖航道，待形成完整防护堤再考虑航道开挖。

7.2 潍坊港中港区

潍坊港中港区于山东半岛中部，位于渤海“金项链”莱州湾南岸，现为国家一类开放口岸，区位优越，交通便利，拥有海岸线140km。按照《潍坊港总体规划》，潍坊港辖区内规划四处港区，即：潍坊港东、中、西港区和内河港区。中港区为森达美港，西港区为寿光港，东港区为昌邑下营港，内河港区由羊口港务局经营，位于寿光市羊口镇北部的小清河下游南岸，港口距离河流入海口约20km，地理概位37°16′N、118°53′E。

潍坊港现有2万吨码头3个、5万吨级航道、5万吨级液化品泊位，客货滚装、集装箱泊位等重点项目也已正式启动，2013年潍坊港又引进战略投资者山东高速集团，这为潍坊港打造综合性亿吨大港迈出重要的一步。

2012年12月，山东省政府批复的《潍坊港总体规划》，对港口性质及港口功能作了进一步明确，指出潍坊港是山东省综合运输体系的重要枢纽和地区性重要港口，是潍坊市及周边地区经济社会发展和临港产业发展的重要依托，是山东省建设黄河三角洲高效生态经济区和半岛蓝色经济区的重要支撑。潍坊港中港区现状和沿海岸线规划图如图7.56所示。

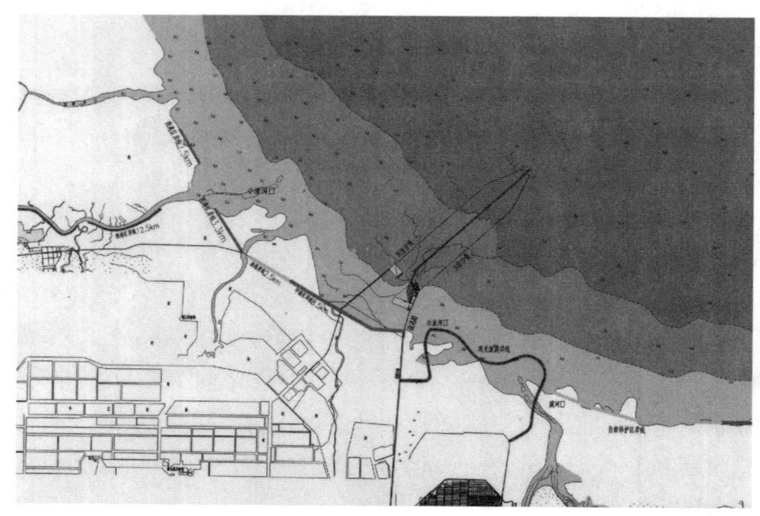

图7.56 潍坊港中港区现状和沿海岸线规划图

潍坊港中港区建设与东营港广利港区一样，其也面临三大主要问题：

(1)水深不足，若近岸起步，需进行较大规模的开挖疏浚。

(2)本海区近岸泥沙多为粉砂,泥沙更为活跃,大规模的开挖疏浚,需要大规模防护堤进行掩护。

(3)近岸多河口(白浪河、弥河、老河及老虞河等),近岸起步受河口影响较大。

由此在潍坊港建设过程中,港址几经变化,历经了近岸河道起步、外海起步等过程,方案的最终成功还是以满足水沙稳定为前提。

7.2.1 潍坊港中港区海域水动力及泥沙环境

(1)潮汐

中港区属不规则半日潮海区,潮差较小。平均高潮位 1.96m,平均低潮位 0.36m,平均潮差 1.60m。

(2)潮流

潮流呈明显往复流形态,潮流动力较弱,历年实测涨、落潮潮段平均流速在 0.1 ~ 0.4m/s 之间,垂线平均最大流速不足 0.7m/s。外海涨潮平均流向呈 SW ~ WNW 向,落潮平均流向呈 NE ~ E 向。潮流涨潮流历时大于落潮流历时。

(3)波浪

常浪向为 NE 向,频率为 25.3%,次常浪向为 NNE 向,出现频率为 17.4%,强浪向为 NE 向。

(4)含沙量

正常天气下,港口附近海域水体表层含沙量总体较小,港口附近海域含沙量均不大于 0.2kg/m^3;大风天港口附近海域含沙量明显增大,如 1996 年 1 月 8 日,西北风 6 级作用下,港区附近水体表层含沙量值最高达到了 0.8kg/m^3;2002 年 12 月 26 日,4 ~ 5 级风力作用下,港口堤头附近水域表层含沙浓度最高值也达到了 0.8kg/m^3。2004 年 12 月 31 日,港区附近海域表层含沙浓度达到 1.0kg/m^3;2005 年 2 月 17 日,在 4 ~ 5 级东北风作用下,港区附近海域表层含沙量最高值也在 0.8kg/m^3 左右。可见波浪是泥沙起动的主要动力,符合粉沙质海岸泥沙运动的基本规律。

表 7.8 为不同天气与水文条件下潍坊港中港区各等深线处平均含沙量。从分布上看:小风浪天气下,表层含沙量总体平面的分布为内小外大,总体上至 -6m等深线达一高点,而向外至 -10m 等深线较为均匀。具体原因:①小风天所对应的海区动力条件较弱,加之近岸泥沙颗粒较粗,近岸泥沙起动较难;②黄河口扩散的悬浮泥沙也掺混于莱州湾中部的悬沙云,致使在一般小风天莱州湾中部表层含沙浓度均高于近岸。大风浪天气状况下,波浪较大,海区动力条件足够强,致使近岸泥沙起动和悬扬,海区悬沙由岸向海的分布则又会有所不同。

不同天气与水文条件下潍坊港中港区各等深线处平均含沙量(单位:kg/m³)

表7.8

风况 \ 水深	0m	-1m	-2m	-3m	-4m	-5m	-6m	-7m	-8m	-9m
1996-01-08 NNW 5~6级	0.12	0.14	0.23	0.33	0.39	0.52	0.55	0.51	0.49	0.45
2000-01-03 ESE 1~3级	0.07	0.07	0.05	0.04	0.04	0.07	0.12	0.16	0.22	0.17
2000-01-19 WNW 1~3级	0.06	0.05	0.05	0.05	0.07	0.10	0.18	0.09	0.28	0.39
2002-12-26 WNW 4~5级	0.17	0.05	0.04	0.24	0.40	0.52	0.51	0.40	0.51	0.55
2004-12-31 WNW 3~4级	0.28	0.26	0.47	0.63	0.59	0.57	0.63	0.82	0.77	0.69
2005-2-17 ENE 4~5级	0.27	0.34	0.31	0.41	0.38	0.40	0.64	0.70	0.65	0.63

(5)近海区沉积物

潍坊中港区底质中值粒径等值线图如图7.57所示。在沉积物分布上,-2m等深线以内基本以中值粒径>0.01mm的细沙为主,-2~-5m等深线基本以中值粒径在0.03~0.07mm的粗粉砂为主,-5m~-7m等深线基本以中值粒径在0.02~0.03mm的中粉砂为主,-6、-7m等深线以外泥沙性质发生明显转变,基本以中值粒径在0.02mm的中粉砂为主。可见-6m等深线以内沉积物主要以非黏性土为主,-7m等深线以外主要以黏性土为主。

沉积物含泥量的平面分布,基本为由浅至深沉积物的含泥量由低至高。-4m等深线以内约介于11%~20%,-5~-6m等深线上升至24%~35%,-7~-8m等深线再增至40%~49%,当水深达到-6m以后,含泥量的增值明显。研究表明,当沉积物的含泥量超过30%时,受细颗粒泥沙黏滞作用的影响,泥沙的活跃性将明显降低,因此,波浪对-6m水深以浅一定范围内滩面物质的掀扬及其运移,将成为防波堤延伸前外航道淤积的重要沙源之一。

-6m等深线为沉积物的分水岭,-6m等深线以外以黏性土为主,含泥量总体较高,这也为后续的港口建设布局提供了重要的数据支持。

(6)泥沙来源

通过前述可知,潍坊港近海泥沙来源有四个方面:①河向来沙;②海向来沙;③沿岸输沙;④本区滩面泥沙的局部搬运。本海域基本无海向来沙;沿岸输沙很小，对港区的淤积影响不大；本区泥沙运移的方式为“波浪掀沙，潮流输沙”，滩面泥沙的局部搬运是造成港区泥沙淤积的主要原因；黄河口泥沙的扩散对本港区泥沙有一定影响，但目前还不是港口淤积的主要直接原因。

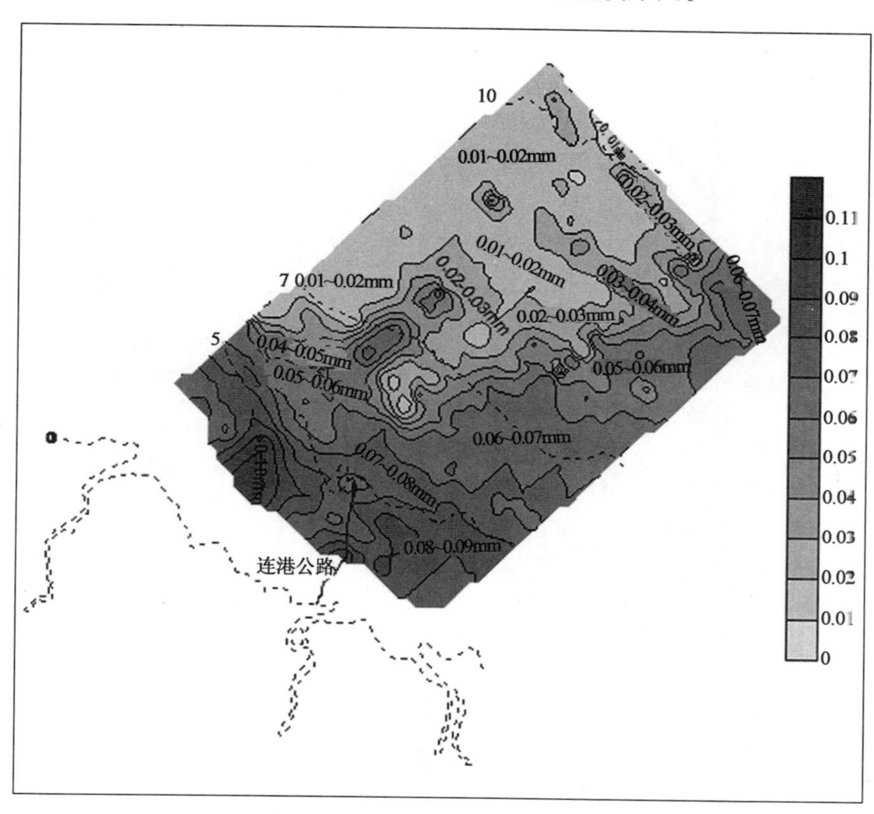

图 7.57 底质中值粒径等值线图(2006 年 7 月)

7.2.2 潍坊港中港区海域地形演变

黄河口(0m 线河口)至潍坊港以西水域，按等深线走向的明显变化及淤积强度区域分布的差异性，可将该水域分为西区、中区和东区三个区域，见图 7.58。1984 年和 2002 年，图中之右下侧各等深线基本循 NW 走向，而图中的左上侧，1984 年和 2002 年却分别自 NW 转为偏 N(1984 年)和 NE(2002 年)走向，加上等深线发生明显转向后的水域，淤强较大。所以，将 1984 年及 2002 年各等深线走向发生明显偏转的各拐点(图 7.58 中“△”及“O”)连接线以西水域(即图 7.58中 *AB* 直线与 *CD* 折线所挟范围)，称为“西区”；上述连接折线至潍坊港航道轴线走向(217.5°~37.5°)以东6.5km范围,各等深线走向差别不大,淤强也显著下降,故将该水域称为"中区"(图7.58中*CD*和*EF*所挟范围)。*EF*线以东至测图所能提供的图幅范围称"东区"。

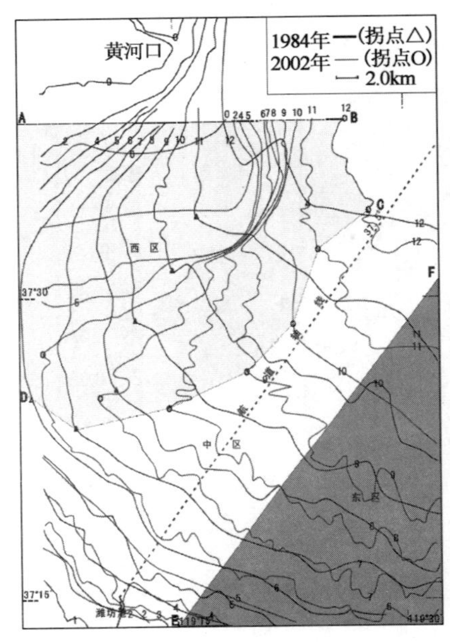

图7.58 等深线比较图(1984年、2002年)

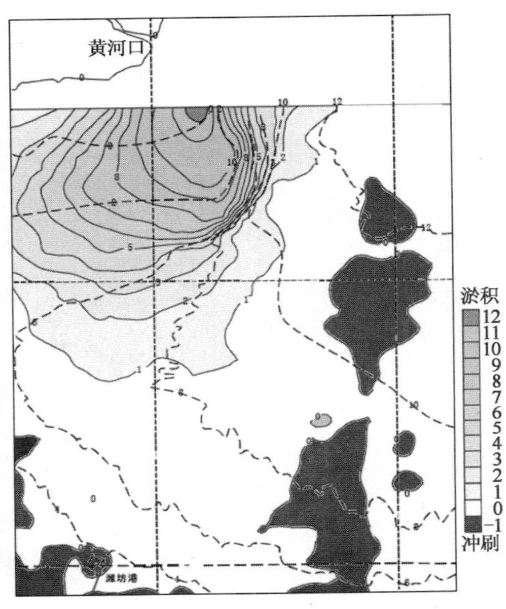

图7.59 海域冲淤变化图(1984年、2002年)

与1984年比较,2002年等深线的变化,在西区、中区及东区中表现为不同特点。

(1)西区:1984年拐点(图7.58中"△")以北的4~8m各等深线呈偏N走向,而时至2002年,拐点(图7.58中"O")以北4~8m各等深线明显转为NE走向。即8m以里,各等深线以大转向角(59°~32°)扇形偏转及等深线的快速推进(18年累计推进12.7~11.4km;平均推进速度706m/a~633m/a。由浅至深各等深线所挟范围的累计淤积强度,自5.8m(2~4m线)渐减到0.9m(10~12m线);全区平均累计淤强达2.7m。

(2)中区:2002年与1984年比较,除个别等深线仍存在30°左右的偏转角外,其他各等深线,其偏转角或者在10°以内,或者表现为平行推进和蚀退。其中,在4~10m等深线范围内,等深线的累计推进距离为0.2~3.2km,平均推进速度为12~179m/a。10m等深线以外,等深线出现了蚀退现象。由浅至深累计淤强的变化,介于0~0.6m之间;全区平均累计淤强为0.3m。

(3)东区:2002年与1984年对比,各等深线中,累计最大推进距离为876m

(-10m 等深线),累计最大蚀退距离为 240m(-7m 等深线)。虽然等深线的淤进与蚀退呈相间分布,似无一定的规律可循,但从统计区域的总体看,推进仍略大于蚀退。由浅至深,各等深线所挟范围的累计淤强变化在 0.3 ~ -0.1m 之间;全区平均累计淤强为 0.1m。

图 7.59 为黄河入海泥沙宏观冲淤图。从淤强分布的总体看,西区明显大于中区,中区略大于东区。最大淤强出现在黄河口的东南近侧。

7.2.3 黄河口泥沙对潍坊港影响

近期对有关资料的对比分析表明,黄河入海泥沙中的细颗粒通过深水区的扩散及粗颗粒的沿岸运动两种途径,在一定程度上影响着潍坊港海区的地形演变,成为潍坊港外航道泥沙回淤必须考虑的主要泥沙来源。其依据如下:

(1)黄河口外浑水主体外边界抵达航道

卫片判读表明,黄河自清水沟入海以来,浑水主体外边界与潍坊港航道轴线的垂向距离,由初期(1976 年)的约 35km,减至 1999 年的 8km,与潍坊港现防波堤头连线距离由 48km 减至 30km。

(2)“中区”等深线明显外移

潍坊港所处水域(即“中区”),在水深 4 ~ 10m 范围内,2002 年与 1984 年相比,等深线向海推进的累计距离为 0.2 ~ 3.2km,推进速度为 12 ~ 179m/a;2 ~ 12m 范围的最大淤强为 0.6m,平均淤强为 0.3m,中区平均淤积量为 740 万 m^3。潍坊港两侧除黄河外,其他诸河来沙量甚微,岸线无侵蚀迹象,4m 等深线以内的滩面亦基本稳定,即使处于微冲,因 4m 等深线以内所覆盖的面积有限,所以冲刷量亦将远小于其外堆积量(740 万 m^3/a),因此潍坊港外航道会受黄河泥沙扩散影响是显然的。

(3)“西区”强淤积线逼近航道轴线

西区处于强淤积状态。其中,淤强为 1m 的等值线(自然水深 7.5 ~ 10m 区域)与航道轴线的垂向最小距离已不足 2km,平均距离也仅 5.7km;在自然水深 10 ~ 12m 区域内,二者的最小距离为 4.8km ,平均距离为 7.7km。即使淤强为 2m 的等值线,与航道轴线的最小垂向距离也仅 7.7 ~ 9.1km。

(4)存在向潍坊港海区的沿岸输沙

研究沿岸输沙的方法有多种,如波能法,即认为沿岸输沙率与波能沿岸分量成正比,通常采用一些半经验公式(如法国夏都公式,我国《水运工程技术规范》中的推荐公式等)计算、重矿物分析、地貌形态(如沿岸沙坝延伸方向)等分析方法。除此外,河口水道轴线的位移也常用作对沿岸输沙方向的判断。一般认为,河口水道自一个方向规律地向另一个方向发生位置上的移动,则其位移方向常被视为沿岸输沙的去向。

图 7.60 清楚地展现了 1969—1980 年期间小清河口 2m 槽的摆动状况:在 12 年的时间内,河口通道的内端平面位置变化不大,但其外端却呈扇形不断向东偏转。其中,1969—1976 年的摆动总距离为 700m(100m/a);1976—1978 年、1978—1979 年和 1979—1980 年,均分别累计向东摆动 150m。从小清河口 2m 槽的摆动可以认为潍坊港海区存在一定的沿岸泥沙输送。图 7.61 为白浪河口河槽东水道摆动情况图,其摆动性质与小清河口河槽摆动一致,不做详细论述。

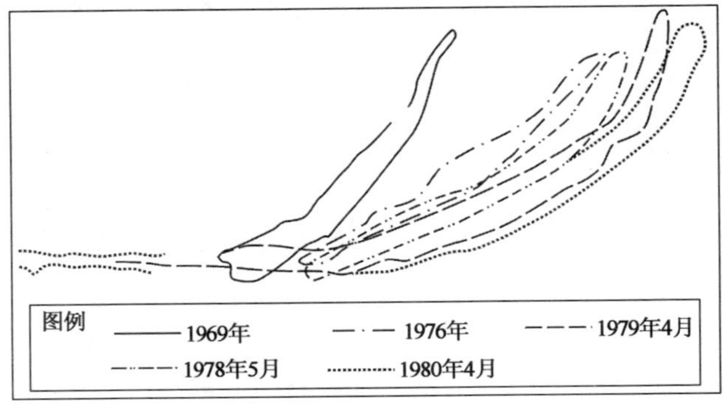

图 7.60　小清河口 2m 槽线摆动图(1969—1980 年)

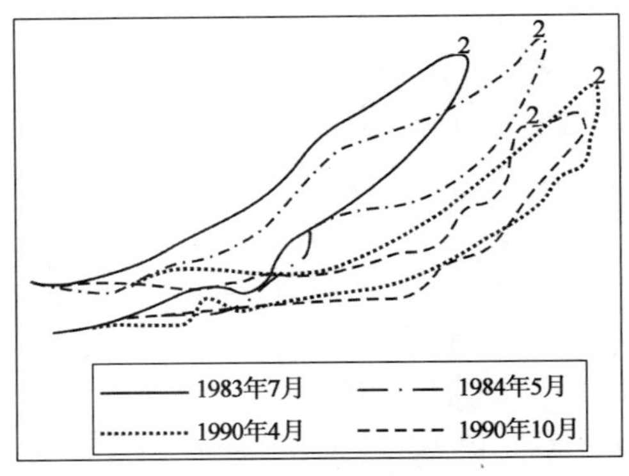

图 7.61　白浪河口河槽东水道摆动图

从动力条件上来看,小清河口以北的岸线大致成 S ~ N 走向,黄河口附近的强浪向为 NE,潍坊港海区的强浪向为 NNE,次强浪向为 N,显然上述两种岸线走向与强浪向和次强浪向均存在一定的有利于泥沙自 N 向 S 或自 W 向 E 运移的交角,加上黄河入海泥沙虽然较细,但由于入海总沙量较大,所以其间也不乏粗颗粒成分。充足的沙源、必要的波浪动力及有利于向潍坊海区输送的浪岸夹角,满足了实现泥沙沿岸运动的所有必要条件。

但是,从潍坊港区及其附近 -4m 等深线以里滩面基本平衡,甚至略有冲刷,以及潍坊港以东约 50km 处突出于岸线的人工堤的迎沙面淤积甚微来看,沿岸输沙量不大,不会成为有双堤掩护条件下港口淤积主要的直接沙源。

7.2.4 潍坊港中港区建设中遇到的问题

1)建设初期

潍坊港先期于近岸起步,首先需解决的是近岸浅滩宽阔的问题,按当时地形,岸线至0m 等深线长约 5km,至 -4m 等深线长约 10km,在如此宽广区域建港,开挖航槽,必将面临长航道泥沙回淤问题。

经初步比较,选址于白浪河西岸,即当时的潍坊北港,见图 7.62,计划利用河道深槽通航,但随即遇到第二大难题:河道拦门沙的治理及河槽的摆动(图7.63)。

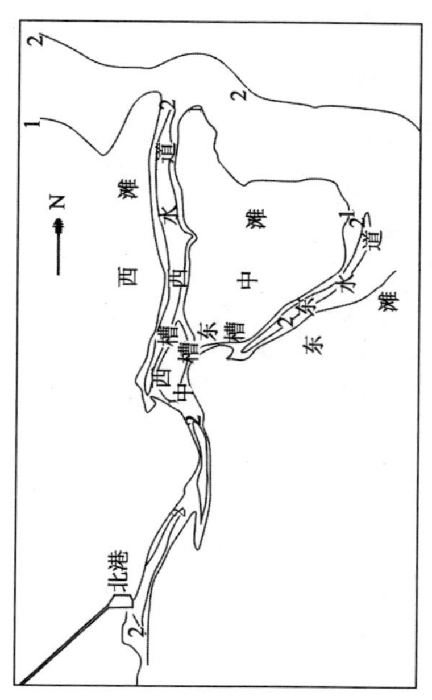

图 7.62　白浪河口 1990 年河道形势图

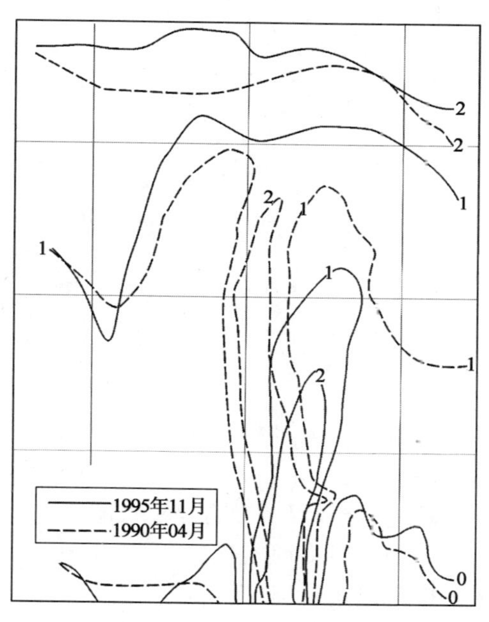

图 7.63　白浪河口河槽西水道摆动图

北港码头至拦门沙 7km 段河槽呈 S 形,码头建设运营期间河槽深泓线连续摆动,年移动速度达为 90m 然后于 -1m 等深线附近出现拦门沙(本拦门沙也是莱州湾水下浅滩的一部分,并非横亘河口的局部沙洲),最小水深 -0.4m 左右,拦门沙开挖后必将出现严重淤积。限于当时的条件及技术,同时近岸起步严重制约潍坊港发展,潍坊北港最终被逐渐废弃。

2)二期建设

鉴于建设初期出现各种问题,潍坊港决定跳出拦门沙区域,于外海起步。港址经反复论证，最终定于原港北侧 -2m 等深线附近，码头通过 10km 导堤与岸相接，码头布置见图 7.64。

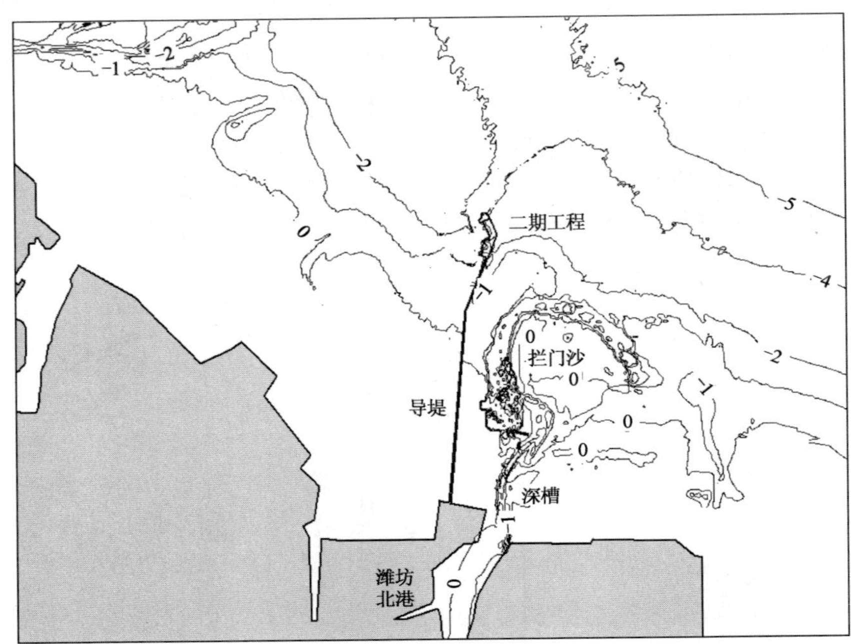

图 7.64　码头位置示意图

外海起步虽然避开了河口的深槽摆动及拦门沙治理问题，但仍需解决以下水沙问题：①单导堤堤头水流；②单导堤堤头冲刷；③无掩护航道泥沙回淤。

首先，单导堤建设后堤头水流问题。经过计算分析，预测单导堤建设后，堤头涨落潮潮段平均流速较建设前增大 10% ~40%，堤头流速在 0.2 ~0.4m/s，水流强度可以接受。

其次，单导堤建设后堤头冲刷问题。导堤及防波堤使得堤头附近因“丁坝效应”使水流流速明显增加，这是堤头冲刷的主要原因，并预测了堤头冲刷深度及范围，如图 7.65 所示。后来根据追踪测量，预测范围及趋势基本符合后来的冲刷形态，如图 7.66 所示。

关于航道回淤情况，经计算，规划的 2000 吨级航道（设计水深 -4m，底宽 45m，航道长度 1.7km），年回淤在 10 万 m^3 左右，最大淤积厚度可达 1m/a 以上，并有骤淤风险。结合工程规模及回淤预测，研究提出，在当前布局下，10 万 m^3/a 的回淤量，2000 吨级航道难以承受，可考虑利用堤头冲刷坑加乘潮进港，暂不开挖外航道，待运量提升，抗骤淤风险能力提升后，考虑下一步的航道开挖及防护

措施，得到运营方认可并实施，运营效果良好。后续利用深槽运行，吞吐量达到1000万吨/a左右。

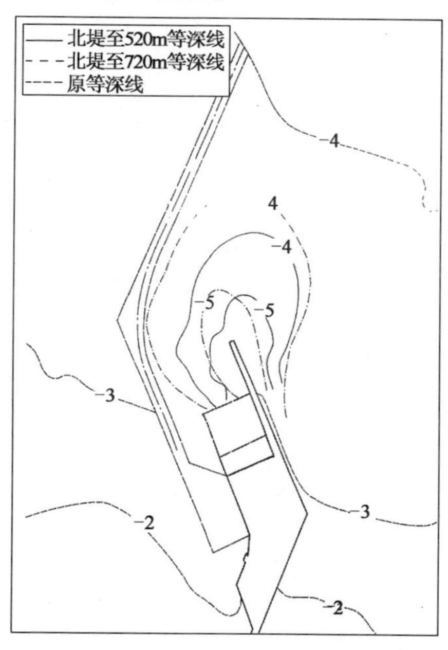

图7.65 堤头冲刷及航道布置

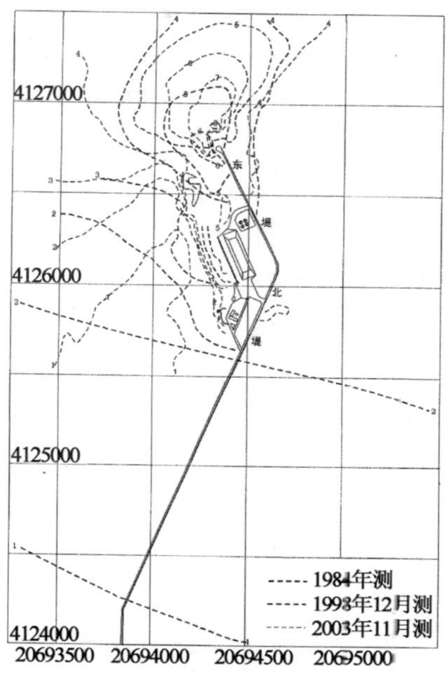

图7.66 堤头冲刷实测情况

3)近期建设

随着运量的提升，利用原有深槽乘潮进出港方案，难以满足万吨级以上船舶通行，运营单位迫切需要将航道等级提升。而前期研究表明：在不建设航道掩护方案情况下，港池航道回淤较重，1万吨级航道不掩护情况下，年最大回淤厚度接近4m，年回淤量在800万m^3以上。如此大的回淤量，万吨级航道也是难以承受的，因此航道等级的提升，需建立在良好掩护的基础上。由此等级提升面临着掩护方案确定的问题。

最终万吨级以上航道掩护方案确定时，经综合对比，潍坊港近岸水沙条件与黄骅港颇为类似，考虑黄骅港粉沙质海岸建港的成功经验，防沙堤建设决定也采用双堤掩护形式。

7.2.5 潍坊港中港区近期建设的水沙情况

1)航道掩护方案的确定

掩护方案的确定主要包括三个方面：航道走向、掩护形式、堤头位置。

(1)航道走向

航道走向选取一般以航道里程短,水流波浪条件好,利于远期发展为主要原则。结合潍坊港中港区海域水深及泥沙环境,其航道选线以227.5°~47.5°最佳。

首先,本航道走向基本垂直等深线,航道最短。其次,从泥沙环境看,本航道走线恰处于黄河口悬沙影响范围外边缘区域,往北偏转则受黄河口泥沙影响加重;从航道底质看,本航道走向自-6m等深线向外泥沙即以黏土质粉砂、粉砂质黏土为主,含泥量大于30%,往南偏转则粉砂特性增大,不利于航道回淤及将来的清淤工作。再次本海域外海涨落潮主流向在240°、55°左右,与航道夹角很小,有利于行船安全。

(2)掩护形式

潍坊港近海(-6m水深以内)水沙条件与黄骅港极为类似,由此潍坊港掩护方式的确定主要借鉴了黄骅港的掩护方式,即:采用双堤掩护形式,同时为减轻延堤流及绕流对堤头冲刷影响,采用潜堤形式延伸。具体布局如下:两防沙堤间隔2.3km;在-3.0m等深线以内防沙堤的高程+2.8m,引堤高程+6.0m;在-3.0m~-5.0m等深线之间高程+2.0m;在-5.0m~-6.0m之间,堤顶高程从+2.0m降至-1.0m。

(3)堤头位置

以往大量试验及观测结果表明,单纯潮流对本区滩面沉积物起动作用不强,波浪是本地区泥沙起动的主要动力,泥沙在风浪作用下的大量起动为本海区提供了主要泥沙来源,而波浪破碎对底部泥沙扰动尤为剧烈,使破波带成为泥沙最为活跃的区域。结合黄骅港建设时堤头伸出破波带的设计思路和本港滩面及波浪特征(破波位置大约在-4.2~-6.2m水深以浅),潍坊港堤头位置定于-6m等深线附近。

结合上述建设思路,潍坊港总体布局如图7.67所示。

2)潍坊港近期发展水流、泥沙回淤情况

(1)水流情况

工程海域等深线和岸线接近平行,潮流以往复流形式运动。水流主体涨急时刻向岸运动,落急时刻离岸运动。水流方向与航道走向基本平行,航道内水流以顺流为主,横流较小。同时,堤头存在一定绕流,但由于采用潜堤形式,堤头流速不大,均在1m/s以内。口门附近涨落急时刻水流平顺进出,未见明显环流。

根据实测,在2011年潮型下,航道内最大流速0.8m/s左右;外航道内涨潮时段平均流速均在0.18~0.32m/s,落潮时段平均流速均在0.22~0.36m/s,落潮流略大于涨潮流;最大横流出现在口门附近,在0.5m/s以内。

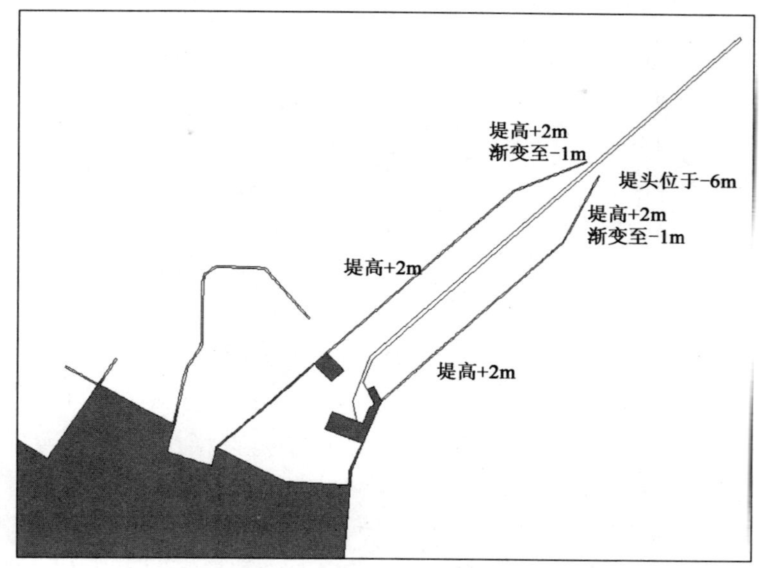

图 7.67 潍坊港总体布局示意图

(2)潍坊港中港区万吨级航道时泥沙回淤情况

潍坊港万吨级航道规模时,航道规模较小,其水深 -7m,底宽 110m,航道总长 15km,其中外航道只有 5km,开挖深度一般不足 2m。

根据掌握的潍坊港航道 2011 年 5 月和 2012 年 5 月两个时期整年周期的水深测图(两次测图均以当地理论深度基准面为高程基准,测图中间未有疏浚,可作为航道回淤情况说明),对潍坊港万吨级航道泥沙回淤进行分析(图 7.68)。图 7.69 为两次水深对比。

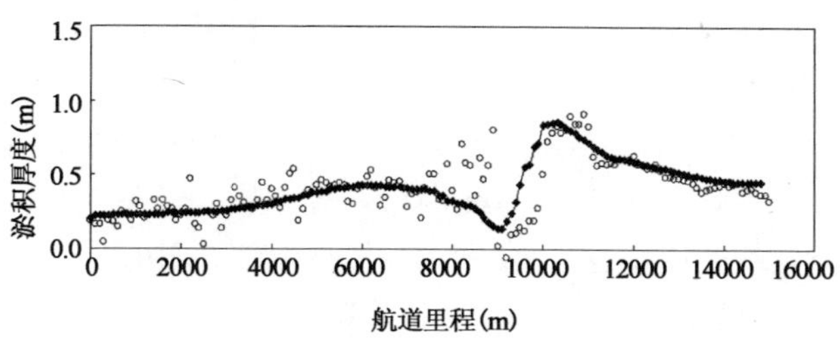

图 7.68 潍坊万吨级航道回淤情况(2011 年 5 月 ~2012 年 5 月)

实测结果显示:

①口门以里受掩护段航道淤积较小,淤积厚度沿程分布均匀,平均年淤积厚

度在 0.32m 左右。

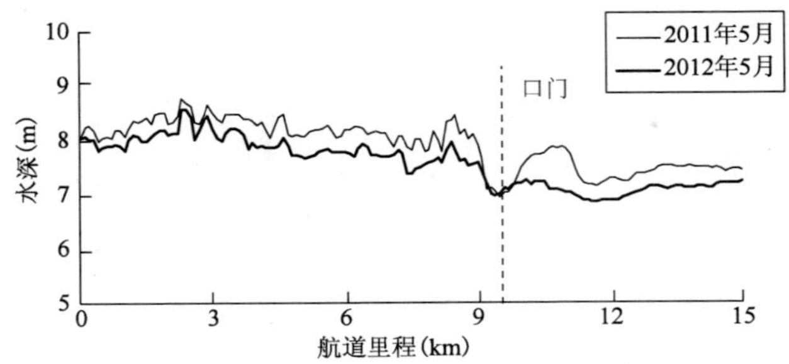

图 7.69　水深对比(2012 年 5 月、2011 年 5 月)

②口门区域段航道为冲刷状态,这可能是 2010 年航道浚深结束后在 9 + 000 段航道附近航道深度由 8.9m 减小为 7.1m,存在阶梯式地形,在海床稳定过程中,较高位置海床向较低处塌陷所致,还可能与此段存在的堤头绕流有关。

③非掩护段航道(10 + 000 以外)淤积明显增大,航道淤积厚度沿航道基本呈线性分布,挖深较大的航道淤积较多,航道平均淤积厚度约为 0.4m,最大淤积发生在口门附近,在 0.9m 左右。

④全航道回淤全年总量在 60 万 m^3 左右。需要指出的是:潍坊港中港区万吨级航道期,航道总长在 15km 左右,但外航道较短,只有 5km 左右,由此,其回淤总量不大。

(3)潍坊港中港区 3.5 万吨级航道泥沙回淤情况

潍坊港中港区 3.5 万吨级航道工程主航道施工自 2014 年 5 月 14 日开工,开工前天津海事测绘中心于 2014 年 4 月对全部航道进行了施工前测量。2015 年 1 月航道全部达到 -12m 水深,天津海事测绘中心于 2014 年 11 月—2015 年 2 月对航道进行了施工后测量。经测量合格后航道暂停施工。

考虑到航道开挖后存在回淤的可能,山东正元数字城市建设有限公司于 2015 年 9 月 10 日—10 月 16 日对航道 0 + 0 ~ 34 + 0 段进行了测量,在测量期间施工单位现场有 11000m^3 耙吸船一艘进行航道 34 + 0 ~ 40 + 0 公的施工,另有 750m^3/h 链斗船一条进行航道 7 + 0 ~ 8 + 0 段的施工。2015 年 11 月 5 日渤海地区遭受风暴潮袭击,施工单位大风过后于 2015 年 11 月 27 日—12 月 1 日对航道进行了全面的自测。

图 7.70 为 2014 年 11 月—2015 年 2 月、2015 年 10 月和 2015 年 12 月三次水深数据对比,图 7.71 为 2014 年 11 月—2015 年 12 月期间各测图期回淤分布。表 7.9 为各测图期间航道回淤统计。由图、表可知:

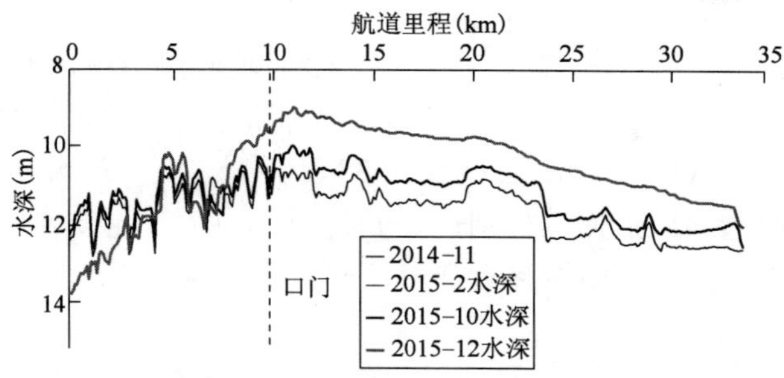

图 7.70 各测图期航道内水深分布

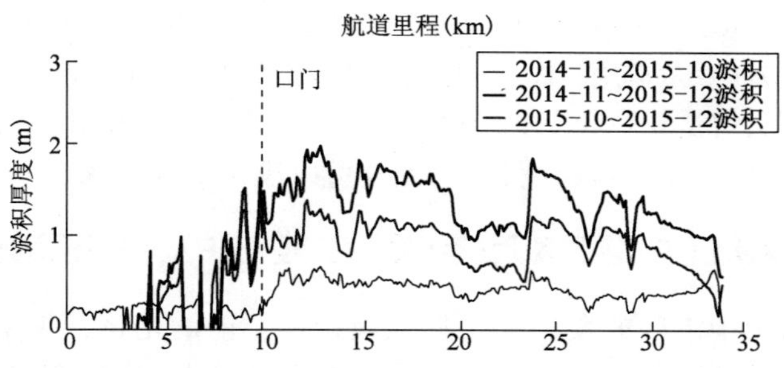

图 7.71 各测图期航道内淤积分布(2014 年 11 月—2015 年 12 月)

各测图期间航道回淤情况 表 7.9

测图对比	航道里程	最大淤厚(m)	平均淤厚(m)	淤积量(万 m^3)
2014 年 11 月(2015 年 2 月)~2015 年 10 月	0+0~35+0	0.7	0.4	171
2015 年 10 月~2015 年 12 月		1.5	0.9	334
2014 年 11 月(2015 年 2 月)~2015 年 12 月		2.1	1.3	483

①2014 年 11 月(2015 年 2 月)~2015 年 10 月期间,潍坊港 3.5 万吨级航道 0+0 至 35+0 区段,最大回淤厚度在 0.7m 左右,平均淤积厚度在 0.4m 左右,航道回淤量在 171 万 m^3 左右。

②2015 年 10 月~2015 年 12 月期间,潍坊港 3.5 万吨级航道 0+0 至 35+0 区段,最大回淤厚度在 1.5m 左右,平均淤积厚度在 0.9m 左右,航道回淤量在 334 万 m^3 左右。

③2014 年 11 月(2015 年 2 月)~2015 年 12 月期间,潍坊港 3.5 万吨级航道 0+0 至 35+0 区段,最大回淤厚度在 2.1m 左右,平均淤积厚度在 1.3m 左

右,航道回淤量在488万m^3左右。

需要指出的是:2015年10月~2015年12月期间渤海海域发生了一次25~30年一遇特大风暴潮过程,造成了各港口,特别是粉沙质海岸港口严重的泥沙回淤。潍坊港中港区测图区段回淤量在334万m^3左右,最大回淤在1.5m左右;同时段,黄骅港两航道回淤分别达到1157万m^3(7万吨级航道)和885万m^3(20万吨级航道),其最大回淤接近2m;滨州港3万吨级航道航槽消失,最大回淤厚度达4m以上。

因此,2015年11月特大风暴潮引起的回淤是偶发的、特殊的,不能统计到年平均回淤中。根据测图数据及潍坊港海域2015年实测大风分析,潍坊港中港区测图区段(0+0至35+0)年回淤量应在240万~260万m^3;2012年的《潍坊港中港区3.5万吨级航道工程波浪潮流泥沙数值模拟研究》中,预报潍坊港中港区3.5万吨级航道0+0至35+0区段年回淤量在285万m^3左右(全航道341万m^3,63km长),可见预报精度较高,完全可以满足工程需求。

7.2.6 潍坊港中港区5万吨级航道工程防护及回淤预测情况

随着潍坊港中港区的发展,1万吨级航道已不能满足运营需求,急需进一步提升航道等级,由此即需论证,目前防护是否满足要求,是否应继续延长防沙堤加强防护?

为此设定了以下三个方案,防波堤及航道布置方案见图7.72。采用数学模型试验,对潍坊港中港区5万吨级航道工程防护及泥沙回淤进行预测分析。

方案一,防沙堤维持现状(堤头在-6.0m水深处),航道走向维持现有航道走向,航道底宽190m,航道水深-14m。

方案二,防沙堤平行航道延伸3000m(堤头在-7.0m水深处),潜堤平行滩面延伸,口门宽度800m,延伸潜堤从已有-6m水深潜堤处开始平行滩面向外延伸,即以5m高度向外延伸;航道设计参数同方案一。

方案三,防沙堤平行航道延伸6000m(堤头在-8.0m水深处),口门宽度800m,潜堤平行滩面延伸,潜堤高程同方案二;航道设计参数同方案一。

1)各方案流场情况

潍坊港中港区5万吨级航道工程实施后对周边水动力场影响有限,主要变化还是集中在港区附近。各方案实施后:

口门处涨、落潮水流平顺,延堤后各方案口门附近水流流速虽略有增大,但增幅较小,在0.1m/s以内,口门最大流速在0.5m/s左右;航道内以顺流为主,最大横流都位于口门附近,且均在0.5m/s以内;5万吨级航道内最大流速均位

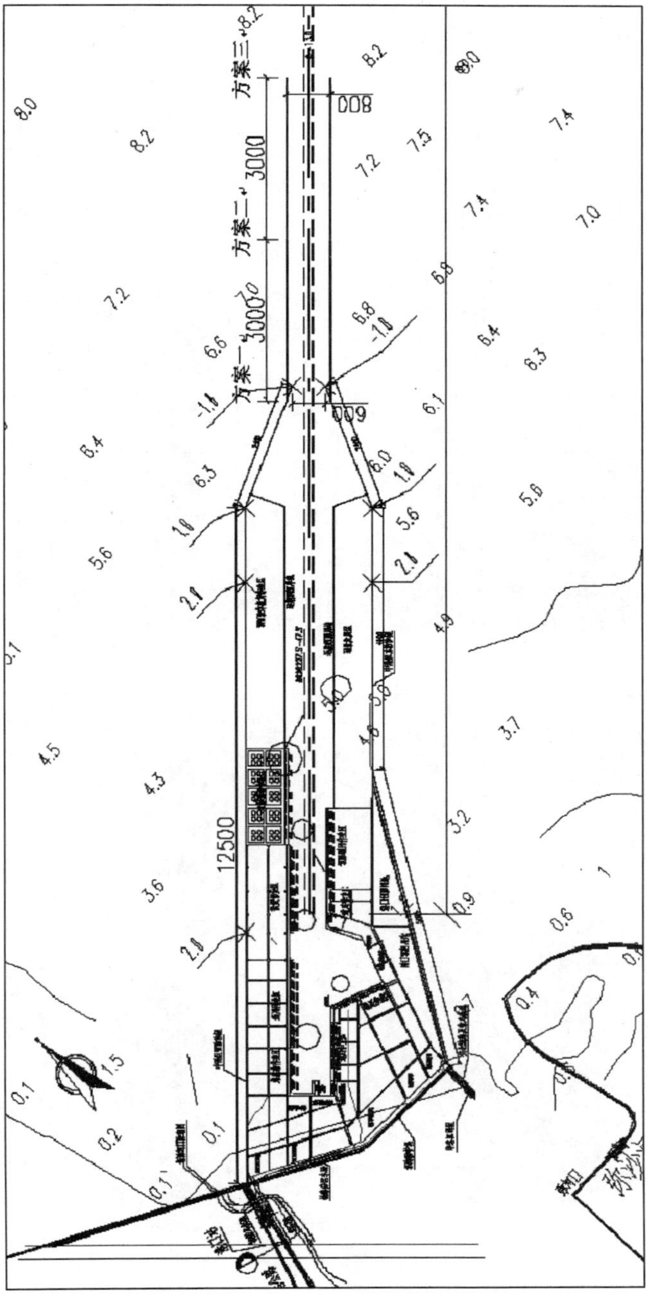

图7.72 防波堤及航道布置示意图

于航道末端，在 0.6m/s 左右，外航道内涨、落潮时段平均流速均在 0.17 ~ 0.36m/s；从航道内流速及堤外测流速看，延堤后延堤流未明显发育，堤头绕流增大不明显。各方案局部流场图见图 7.73 ~ 图 7.78。

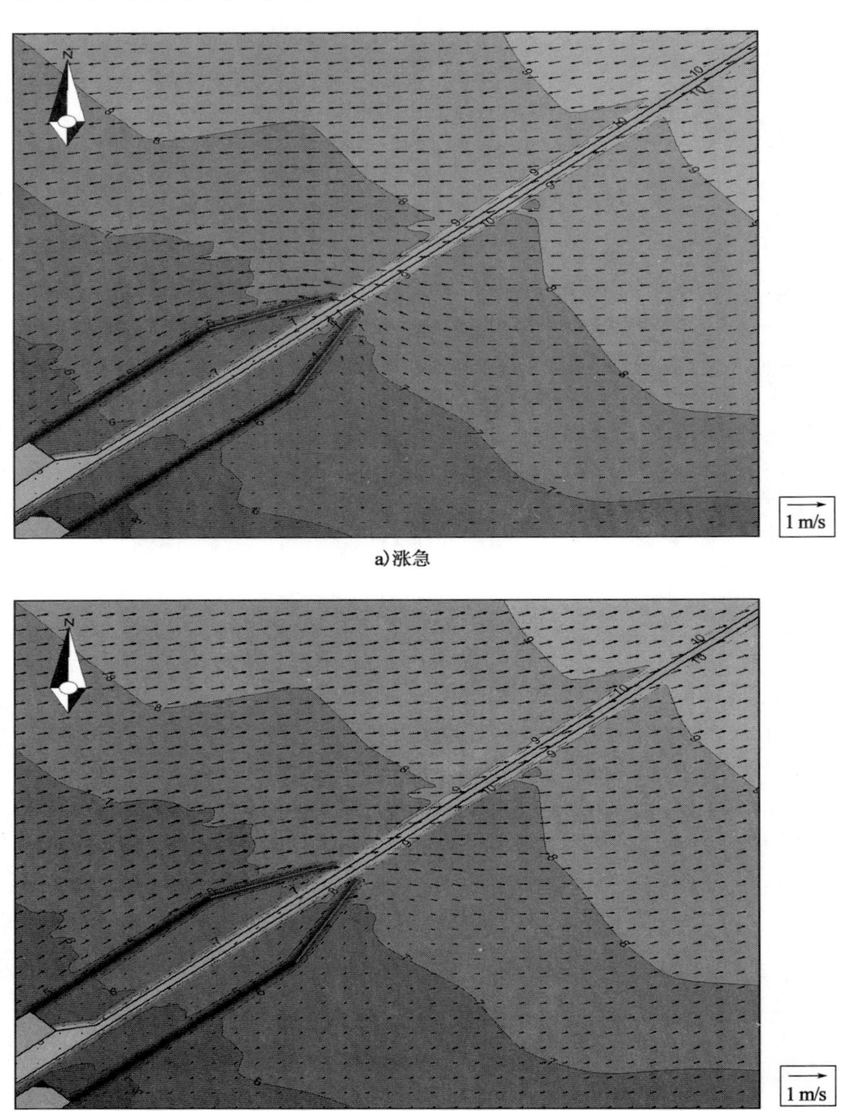

a)涨急

b)落急

图 7.73　口门局部涨、落急时刻流场图（方案一）

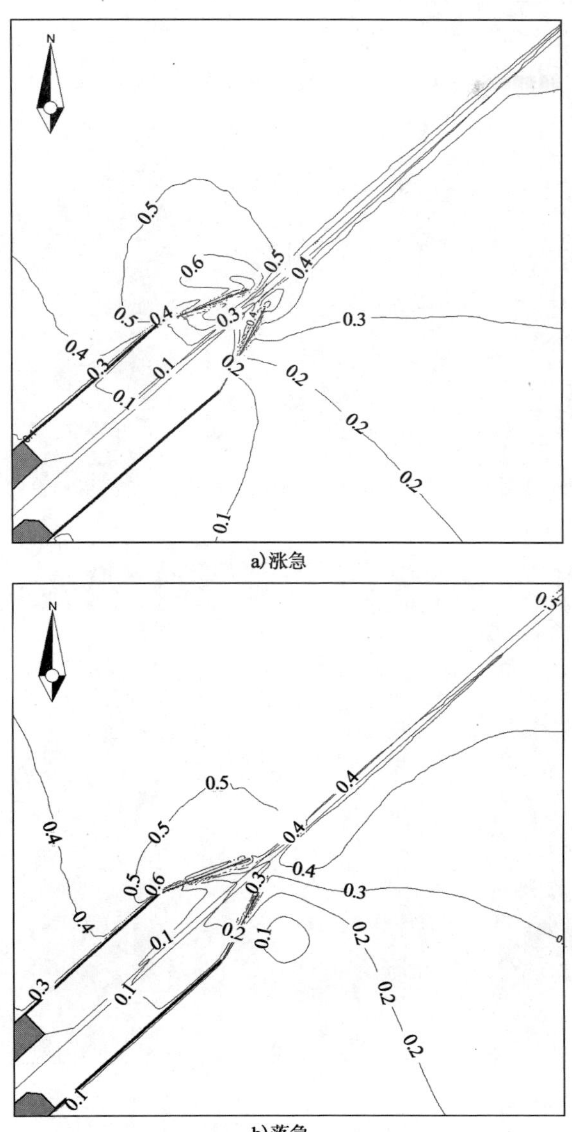

a)涨急

b)落急

图 7.74　口门局部涨、落急时刻流速等值线(方案一)

2)各方案泥沙回淤情况

图 7.79 为 5 万吨级航道年淤强沿程分布趋势,表 7.10 给出 5 万吨级航道年淤积量统计结果。

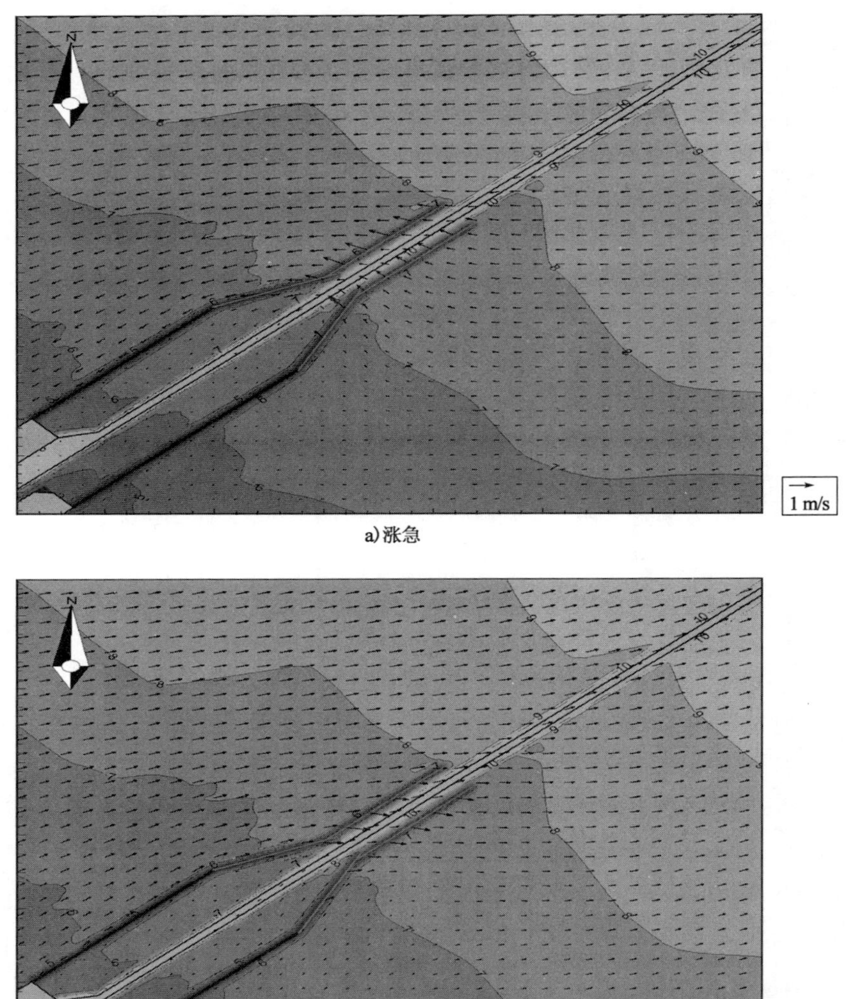

a)涨急

b)落急

图 7.75　口门局部涨、落急时刻流场(方案二)

从淤强分布趋势而言,年淤强自航道起点至航道末端呈现先增加后减小的趋势,均于口门向外约 1km 附近淤强达最大值。淤强变化较大的区段位于航道 9 ~ 18km 处,即各方案新增掩护段,随着掩护增加,淤积呈减小趋势;9km 以内以及 18km 以外变化不大。

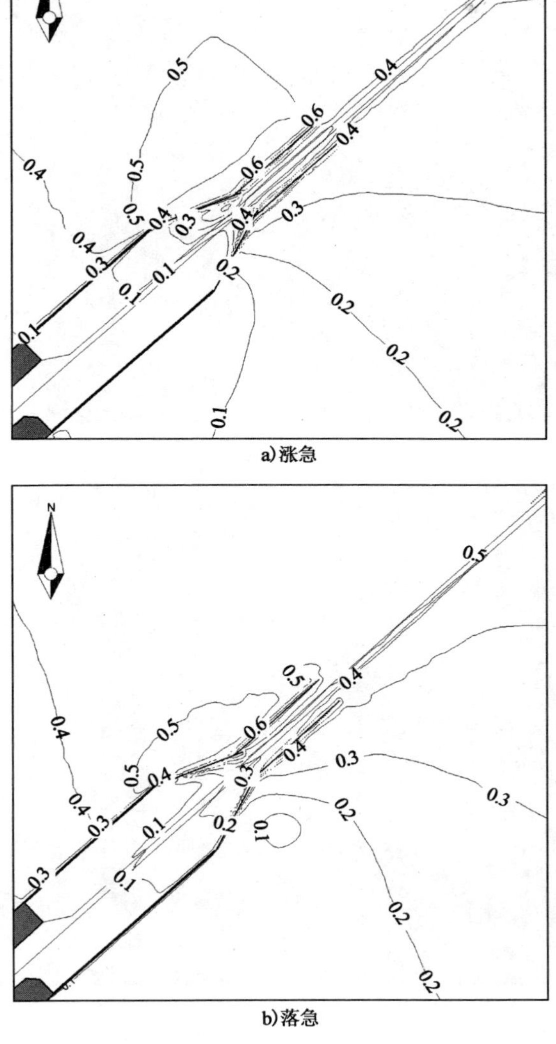

图 7.76 口门局部涨、落急时刻流速等值线（方案二）

未延堤时，航道内年淤积厚度最大在 1.6m 左右，平均淤积厚度在 0.53m 左右；航道年淤积总量在 616 万 m^3 左右，其中口门以内淤积量在 91 万 m^3/a 左右，口门以外淤积量在 525 万 m^3 左右。

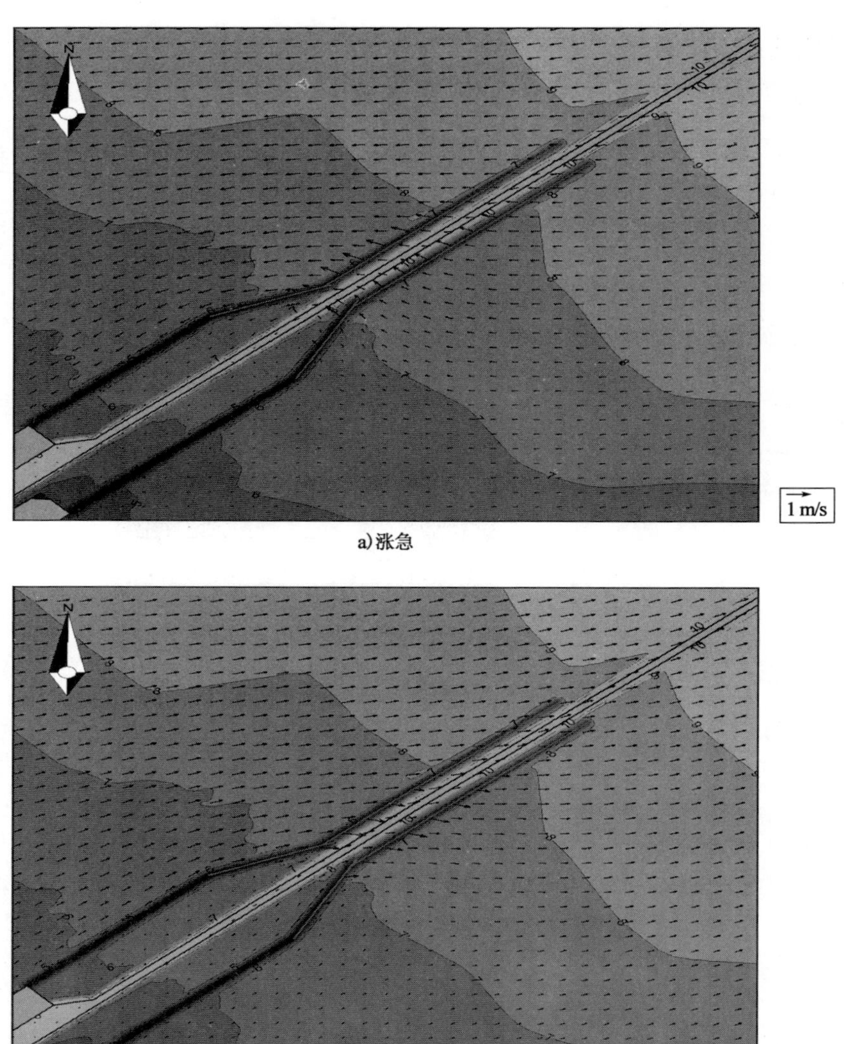

a)涨急

b)落急

图 7.77　口门局部涨、落急时刻流场(方案三)

延堤 3km 后,航道内年淤积厚度最大在 1.3m 左右,平均淤积厚度在 0.49m 左右;航道年淤积总量在 587 万 m^3 左右,其中口门以内淤积量在 143 万 m^3 左右,口门以外淤积量在 444 万 m^3 左右。

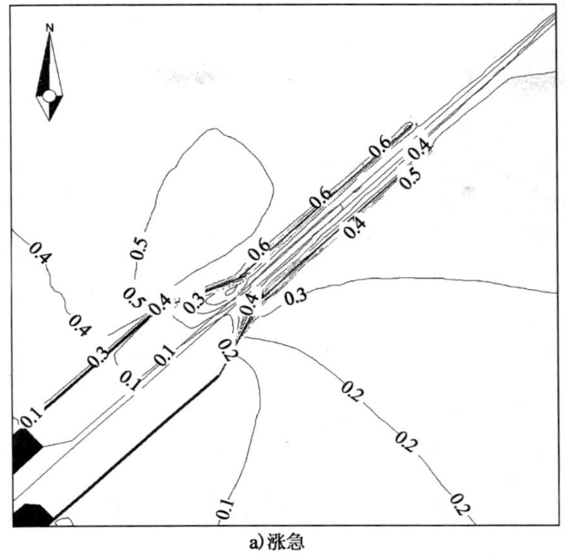

a)涨急

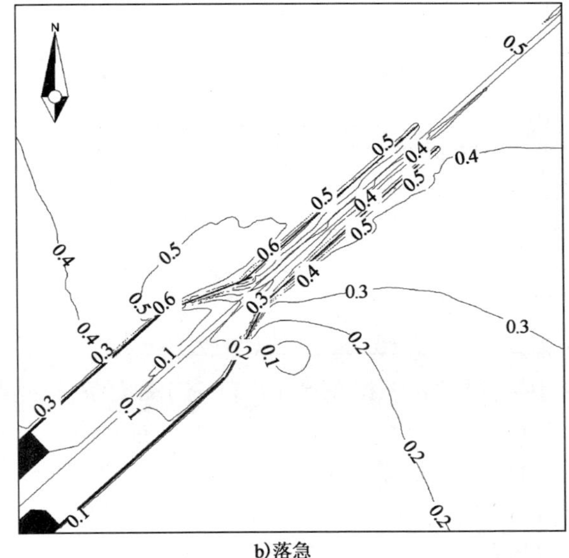

b)落急

图 7.78 口门局部涨、落急时刻流速等值线(方案三)

延堤 6km 后,航道内年淤积厚度最大在 1.1m 左右,平均淤积厚度在 0.46m 左右;航道年淤积总量在 559 万 m^3 左右,其中口门以内淤积量在 184 万 m^3 左右,口门以外淤积量在 375 万 m^3 左右。

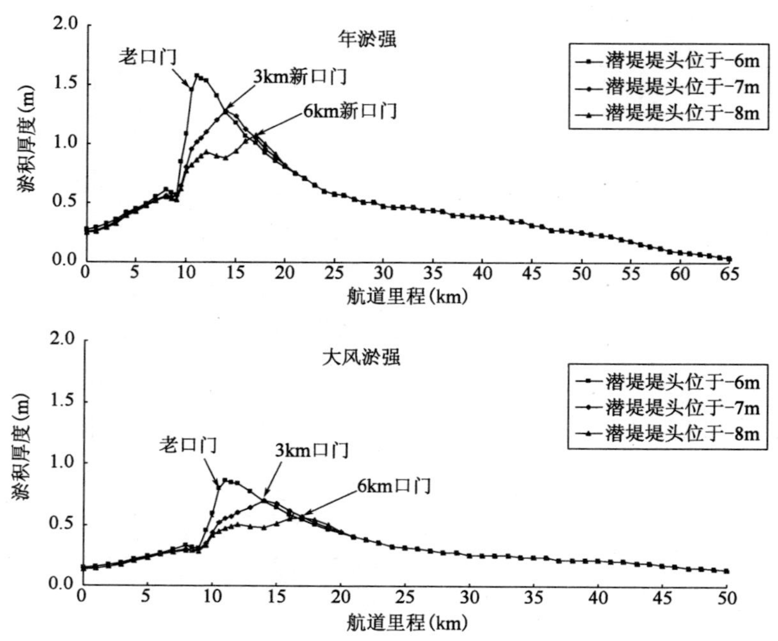

图 7.79　5 万吨级航道年淤强沿程分布趋势

5 万吨级航道淤积量统计　　表 7.10

区　　段	年淤积量(万 m^3)			大风骤淤淤积量(万 m^3)		
	原方案	延堤 3km	延堤 6km	原方案	延堤 3km	延堤 6km
总淤积量	616	587	559	339	323	307
掩护段以内	91	143	184	50	79	101
掩护段以外	525	444	375	289	244	206

选择 9711 台风过程代表工程海区 10 年一遇动力条件,可用于骤淤的方案比较。从淤强分布趋势而言,大风淤强与年淤强分布趋势基本相同。

未延堤时,航道内年淤积厚度最大在 0.9m 左右,年平均淤积厚度在 0.3m 左右;航道年淤积量在 339 万 m^3 左右,其中口门以内淤积量在 50 万 m^3 左右,口门以外淤积量在 289 万 m^3 左右。

延堤 3km 后,航道内年淤积厚度最大在 0.7m 左右,年平均淤积厚度在 0.27m 左右;航道年淤积量在 323 万 m^3 左右,其中口门以内淤积量在 79 万 m^3 左右,口门以外淤积量在 244 万 m^3 左右。

延堤 6km 后,航道内年淤积厚度最大在 0.6m 左右,年平均淤积厚度在

0.25m 左右；航道年淤积量在 307 万 m^3 左右，其中口门以内淤积量在 101 万 m^3 左右，口门以外淤积量在 206 万 m^3 左右。

从分析和计算结果看，潍坊港中港区单公里年减淤量仅在 10 万 m^3 左右，相对防沙堤建设的巨大投资，从减淤角度建设潜堤是不经济的。同时潍坊港中港区回淤总量较大主要是航道过长造成的，相对近 70km 的航道，仅延几公里潜堤对减淤是远远不够的，因此建议 5 万吨级航道防沙堤工程暂不做延伸，先进行 5 万吨级航道试挖，并持续观测，以方便今后航道的泥沙回淤研究及下一步减淤措施的论证工作。

7.2.7 潍坊港中港区航道建设需注意的问题

潍坊港地处粉沙质海岸，粉沙质海岸泥沙运动活跃，易起易沉，易发生淤积。在粉沙质海岸上建港首先要考虑泥沙淤积问题。但莱州湾特殊的泥沙环境又造成了潍坊港泥沙淤积问题有别于其他粉沙质海岸港口，具有明显的特殊性。除了粉沙质海岸泥沙本身运动特性外，潍坊港还面临两个问题。一是莱州湾地势平缓，按照 14m 航道水深，5 万吨级航道将贯穿整个莱州湾，航道总长度达 68km 左右；二是航道最近距黄河口仅 30km，容易受黄河口影响。

下面对潍坊港中港区 5 万吨级航道泥沙回淤特性进行具体分析。

(1)潍坊港 5 万吨级航道距离长

莱州湾地势平缓，按照 14m 航道水深，5 万吨级航道将贯穿整个莱州湾，航道总长度约 68km，从现口门算起，外航道长约 58km。

表 7.11 列出来不同港口 5 万吨级外航道长度。其中，黄骅港、滨州港与潍坊港均为粉沙质海岸港口，连云港为淤泥质海岸港口，潍坊港外航道长度是滨州港外航道长度的 2 倍多，黄骅港和连云港的 1.5 倍多。极长的航道处于非掩护状态，是航道回淤较重的主要原因。

不同港口 5 万吨级外航道长度比较 表 7.11

港口	潍坊港	黄骅港	滨州港	连云港
航道长度(km)	68	38	28	27

(2)5 万吨级航道回淤情况

从航道回淤强度来看：潍坊港中港区航道回淤强度不大，预测年平均回淤强度在 2m 以内，10 年一遇回淤强度在 1m 以内，远小于黄骅港、滨州港的年回淤强度，后两者年平均回淤强度都在 3 ~ 5m。

但中港区航道回淤总量不小。正如前所述，莱州湾地势平缓，与中港区同等级航道相比，潍坊港中港区航道长度很长，造成回淤量较大。但潍坊港中港区航道回淤总体上也小于黄骅港、滨州港等类似粉沙质海岸港口。正如 2015 年 11 月特大风暴潮回淤所示，潍坊港中港区最大淤厚 1.5m，淤积量 340 万 m^3 左右；同时段，滨州港 3 万吨级航道航槽消失，最大回淤厚度达 4m 以上；黄骅港两航道回淤分别达到 1157 万 m^3（7 万吨级航道）和 885 万 m^3（20 万吨级航道），其最大回淤接近 2m。

（3）航道淤积物

从 2011 年 3 月外航道以及两侧海底沉积物取样分析结果看，潍坊港航道内泥沙淤积物质与两侧滩面底质组成相差较小，据此可判断，潍坊港航道落淤既有底沙，又有悬沙。根据以往研究可知，黄骅港航道内淤积泥沙颗粒较两侧滩面略粗，这主要是底部高浓度泥沙落淤的结果。若据此判断，底部高浓度泥沙落淤在潍坊港航道回淤中的作用似乎没有黄骅港明显，可能会影响潜堤的减淤效果。

（4）黄河口的影响

由前可知：大风作用下黄河口泥沙扩散范围可直接影响外航道，某些情况下呈现外航道中间段含沙量大、两端含沙量小的趋势；遥感分析也显示航道 30 ~ 45km 段受黄河口泥沙扩散影响较大。这与 3.5 万吨级航道实测航道淤积结果一致，实测结果也从侧面证实 3.5 万吨级航道受到了黄河口泥沙扩散影响。

8 结 束 语

莱州湾总体的水沙条件来看,国内具有一定代表性,湾内地貌区域性明显。以郯庐大断裂带为界,东部为上升区,是典型沙质海岸;西部为沉陷区,地貌上属黄河复式三角洲的一部分,沿岸多为被海洋动力改造的黄泛平原,地面坡度平缓,沉积层厚,沉积物主要由淤泥、泥质粉砂及粉砂质泥组成;莱州湾南部湾顶岸段,河流堆积显著,多为粉沙质海岸。

莱州湾内水流动力,除黄河口海域较强外,其余区域涨、落潮平均流速都在0.5m/s以内,属于弱潮流动力区域;波浪以风浪为主,波浪是海区泥沙起动的主要动力条件。

莱州湾从建港水沙条件看,具有三大特殊性:

(1)水深浅

潮滩和海滩面积达800km^{2}以上,除湾口水深可达-10m以外,湾内水深都在-10m以下。莱州湾总体平均水深仅有-8m左右,远小于渤海平均水深,为渤海平均水深最小处。

(2)泥沙来源丰富

黄河口及黄河浅滩为莱州湾提供了丰富的沙源,从长周期角度持续影响着莱州湾,特别是西侧及南侧区域。

(3)风暴潮频发

根据统计,莱州湾风暴潮多为寒潮大风引起,受寒潮及强冷空气影响最多的年份可达17次,最少年份也有6次,平均每年出现明显增减水过程有4次左右,平均6年出现一次风暴潮灾害。

水浅、风暴潮频发,泥沙来源丰富等等都决定了莱州湾建港水沙条件不利,特别是南侧粉沙质海岸区域及西侧黄河口飘沙影响区域,该区域建港首先要稳定水沙,建好防护工程,潍坊港中港区及广利港区的建设既是很好的示范实例。

若莱州湾内建设大港(5万吨级以上航道港口),宜首先考虑莱州湾东岸,特别是东北侧的龙口区域,本区域水深及水流条件良好,只要港口布局合理,消除波浪及沿岸输沙影响即可。

莱州湾西岸不宜建设万吨级以上港口,严重的泥沙回淤及耗资巨大的防护工程和持续的高强度维护都是制约港口发展的不利因素。莱州湾南岸大港建设需充分论证,结合发展适时提升,切不可盲目求快、求大。潍坊港中港区即为目前较为成功的建设案例,但潍坊港5万吨级以上航道的建设仍需慎重,多加研究,实事求,按科学规律建设。

潍坊港的建设为莱州湾西、南侧港口建设提供了完整的思路。规模较小时,跳出近岸浅滩,外侧起步,待港口发展,结合发展需求,先建防护工程(同时向岸发展,利用岸线资源),再提升航道。周边类似港口防护堤的建设规模、建设方案等都可参考潍坊港。

目前对莱州湾的整体研究较少,本书仅以粗陋分析,为大家抛砖引玉。

参考文献

[1] 夏东兴,王文海,刘传信,等. 中国海湾志(第三分册):山东半岛北部和东部海湾[M]. 北京:海洋出版社,1991.

[2] 孙伟富. 1978—2009 年莱州湾海岸线变迁研究[D]. 青岛:国家海洋局第一研究所,2010.

[3] 王凤聪,苏志清. 黄河口门外滨海区潮流的分布特征[J]. 海洋湖沼通报,1989(2):8-11.

[4] 张永强. 莱州湾风暴潮过程增水、波浪、风暴潮流数值模拟研究[D]. 青岛:国家海洋局第一海洋研究所,2010.

[5] 高佳. 黄河口海洋动力学和黄河泥沙入海及冲淤趋势研究[D]. 青岛:中国海洋大学,2011.

[6] 史文静. 黄河口悬浮泥沙扩散规律及其数值模拟研究[D]. 青岛:中国海洋大学,2008.

[7] 董卫卫. 莱州湾东岸冲淤演变分析与防护[D]. 青岛:中国海洋大学,2008.

[8] 刘艳霞,黄海军,杨晓阳. 基于遥感反演的莱州湾悬沙分布及其沉积动力分析[J]. 海洋学报,2013,35(6):43-53.

[9] 付莉莉. 规划填海前后莱州湾冲淤演变研究[D]. 青岛:中国海洋大学,2011.

[10] 韩美,孟庆海. 莱州湾沿岸的地貌类型[J]. 山东师范大学学报(自然科学版),1996(3):63-67.

[11] 李蒙蒙,王庆,张安定,等. 最近 50 年来莱州湾西—南部淤泥质海岸地貌演变研究[J]. 海洋通报,2013,32(2):141-151.

[12] 董卫卫. 莱州湾东岸冲淤演变分析与防护[D]. 青岛:中国海洋大学,2008.

[13] 丰爱平,夏东兴,谷东起,等. 莱州湾南岸海岸侵蚀过程与原因研究[J]. 海洋科学进展,2006,24(1):83-90.

[14] 白珊,刘钦政,李海,等. 渤海的海冰[J]. 海洋预报,1999,16(3):1-9.

[15] 张绪良,谷东起,陈东景. 2005/2006 年度莱州湾东部的海冰灾害及其影响[J]. 海洋湖沼通报,2009(2):131-136.

[16] 毕乃双. 黄河三角洲毗邻海域悬浮泥沙扩散和季节性变化及冲淤效应[D]. 青岛:中国海洋大学,2009.

[17] 徐福龄. 黄河下游河道历史变迁概述[J]. 人民黄河,1982(3):48-51.

[18] 吴宁. 垦东海区泥沙输运及海床冲淤演化研究[D]. 青岛:中国海洋大学,2013.

[19] 赵鹏. 渤海寒潮风暴潮增水风险的数值研究[D]. 青岛:中国海洋大学,2010.

[20] 李鑫. 渤海风暴潮增减水及流场时空特征初步研究[D]. 南京:南京水利科学研究院,2007.

[21] 赵滨,张平,汪景庸. 渤海埕北海域风暴潮多年一遇极值增水的数值计算[J]. 海洋科学进展,2000,18(3):14-19.

[22] 赵保仁,曹德明,李徽翡,等. 渤海的潮混合特征及潮汐锋现象[J]. Acta Oceanologica Sinica,2001,23(4):113-119.

[23] 季有俊. 渤海海域泥沙输运对季节性因素及地形变化响应的数值模拟研究[D]. 青岛:中国海洋大学,2010.

[24] 叶安乐,梅丽明. 渤黄东海潮波数值模拟[J]. 海洋与湖沼,1995,26(1):63-70.

[25] 肖合辉. 渤黄海海域悬浮体分布:季节性变化及扩散通量[D]. 青岛:中国海洋大学,2014.

[26] 吴雪,端义宏. 超强台风梅花(1109)强度异常减弱成因分析[J]. 气象,2013,39(8):965-974.

[27] 陈斌,周良勇,刘健,等. 废黄河口海域潮流动力与悬沙输运特征[J]. 海洋科学,2011,35(5):73-81.

[28] 刘凤岳. 风暴潮对黄河三角洲的影响及其一般规律[J]. 海岸工程,1987(1):83-87.

[29] 刘建强,马林娜,张永强,等. 港口工程建设对莱州湾水动力环境影响的数值研究[J]. 海洋开发与管理,2013,30(4):77-81.

[30] 刘潇. 港口工程影响下莱州湾南岸海洋沉积环境演变研究[D]. 青岛:中国海洋大学,2014.

[31] 马绍赛,辛福言,崔毅,等. 黄河和小清河主要污染物入海量的估算[C]//中国水产学会渔业资源与环境分会2004年度学术研讨会,2004.

[32] 唐梅英,丁大发,何予川,等. 黄河河口河道治理历程及治理对策研究[C]//黄河国际论坛,2007.

[33] 曾庆华. 黄河河口演变规律及整治方向[C]//中国水利学会2003年黄河河口问题及治理对策研讨会,2003.

[34] 张治昊,杨明,杨晓阳,等. 黄河口海岸冲淤演变的影响因素[J]. 海洋地质

前沿,2011(7):23-27.

[35] 刘锋. 黄河口及其邻近海域泥沙输运及其动力地貌过程[D]. 上海:华东师范大学,2012.

[36] 樊辉. 黄河口泥沙输移及三角洲的近期演变[D]. 青岛:中国科学院研究生院(海洋研究所),2005.

[37] 卢昱岑. 黄河口切变锋数值模拟研究及地形变化对黄河口水动力特性的影响[D]. 大连:大连理工大学,2012.

[38] 张永强,迟万清,胡泽建,等. 黄河清水沟流路大嘴的形成对莱州湾潮流场影响的数值研究[J]. 海洋科学进展,2010,28(2):149-157.

[39] 马媛. 黄河入海径流量变化对河口及邻近海域生态环境影响研究[D]. 青岛:中国海洋大学,2006.

[40] 陈小英,陈沈良,于洪军,等. 黄河三角洲海岸剖面类型与演变规律[J]. 海洋科学进展,2005,23(4):438-445.

[41] 丁东,任于灿. 黄河三角洲及邻区的风暴潮沉积[J]. 海洋地质与第四纪地质,1995(3):25-34.

[42] 陈明波. 莱州浅滩对莱州湾东部沉积动力格局的控制作用研究[D]. 青岛:中国海洋大学,2012.

[43] 赵博. 莱州三山岛—刁龙嘴近岸海域冲淤特征及影响因素研究[D]. 青岛:中国海洋大学,2014.

[44] 丁东,李绍全,任于灿,等. 莱州湾的风暴潮沉积[J]. 海洋地质前沿,1995(10):1-3.

[45] 董卫卫. 莱州湾东岸冲淤演变分析与防护[D]. 青岛:中国海洋大学,2008.

[46] 蔡月娥,蔡爱智. 莱州湾东岸的地貌发育[J]. 海洋湖沼通报,1980(1):30-36.

[47] 周广镇,冯秀丽,刘杰,等. 莱州湾东岸近岸海域规划围填海后冲淤演变预测[J]. 海洋科学,2014,38(1):15-19.

[48] 李近元,范奉鑫,徐涛,等. 莱州湾东部沙波地貌分布特征及其形成演化[J]. 海洋科学,2011,35(7):51-54.

[49] 王琦,周莉,吕亚男. 莱州湾东缘沿岸沉积物的特征及运移趋势[J]. 海洋通报,1982(1):36-46.

[50] 蔡克明. 莱州湾海岸的变迁[J]. 海洋科学,1988,12(3):71.

[51] 程义吉,高菁. 莱州湾海域水文特征及冲淤变化分析[J]. 海岸工程,2006,25(3):1-6.

[52] 孙连成.莱州湾南部近岸水域含沙量的分布及淤积特征[J].海岸工程,1992(1):49-54.

[53] 周玉兰,杨付津,孙丽娟.莱州湾台风风暴潮分析及风暴潮极值估计[J].科技资讯,2007(27):210-210.

[54] 陈斌,黄海军.莱州湾西南岸海域悬浮泥沙与沉积物粒度分布特征[J].海洋通报,2014(4):436-443.

[55] 江文胜,王厚杰.莱州湾悬浮泥沙分布形态及其与底质分布的关系[J].海洋与湖沼,2005,36(2):97-103.

[56] 韩美,孟庆海.莱州湾沿岸的地貌类型[J].山东师范大学学报(自然科学版),1996(3):63-67.

[57] 阎新兴,郑丽霞.山东潍坊北港近海区地貌特征及泥沙来源分析[J].海洋通报,1992(4):65-72.

[58] 李鑫.我国风暴潮灾害及防灾减灾对策初探[J].水利科技与经济,2006,12(2):112-113.

[59] 王楠.现代黄河口沉积动力过程与地形演化[D].青岛:中国海洋大学,2014.

[60] 杨伟.现代黄河三角洲海岸线变迁及滩涂演化[J].海洋地质前沿,2012(7):17-23.

[61] 刘国亭,阎新兴.小清河河口地貌调查及沉积物分析[J].水道港口,1998(3):33-36.

[62] 交通部天津水运工程科学研究所.黄河排沙对潍坊港海区地形演变及外航道淤积影响的分析[R].2004.

[63] 交通部天津水运工程科学研究所.潍坊港森达美港区万吨级码头工程波浪、潮流、泥沙淤积数值模拟研究[R].2006.

[64] 交通部天津水运工程科学研究所.潍坊港自然条件初步分析[R].1991.

[65] 交通运输部天津水运工程科学研究所.东营港广利港区航道整治工程波浪潮流泥沙数值模拟研究报告[R].2008.

[66] 交通运输部天津水运工程科学研究所.东营港广利港区海域自然条件及泥沙环境研究报告[R].2008.

[67] WALLING D E. Recent changes in the suspended sediment loads of the world's rivers: the impact of environmental Change[C]// 3rd ISI Steering Committee Meeting, 28-30 April, 2005 Vienna, Austria.

[68] Wang H, Yang Z, Saito Y, et al. Stepwise decreases of the Huanghe (Yellow

River) sediment load (1950—2005): Impacts of climate change and human activities[J]. Global & Planetary Change, 2007, 57 (3) :331-354

[69] Milliman J D, Beardsley R C, Yang Z S, et al. Modern Huanghe-derived muds on the outer shelf of the East China Sea: Identification and potential transport mechanisms[J]. Continental Shelf Research, 1985, 4 (1-2) :175-188.

[70] Prior D B, Yang Z S, Bornhold B D, et al. Active slope failure, sediment collapse, and silt flows on the modern subaqueous Huanghe (Yellow River) Delta[J]. Geo-Marine Letters, 1986, 6 (2) :85-95.

[71] Wright L D, Wiseman W J, Yang S, et al. Processes of marine dispersal and deposition of suspended silts off the modern mouth of the Huanghe (Yellow River)[J]. Continental Shelf Research, 1990, 10 (1) :1-40.

[72] Bornhold B D, Yang Z S, Keller G H, et al. Sedimentary framework of the modern Huanghe (Yellow River) Delta[J]. Geo-Marine Letters, 1986, 6 (2) :77-83.

[73] Zhang Z, Li Y, Tu L, et al. Preliminary study on the ecology of the benthic meiofauna in the Huanghe River estuary and its adjacent waters[J]. Oceanologia Et Limnologia Sinica, 1989(03).

[74] Martin J M, Zhang J, Shi M, et al. Actual flux of the Huanghe (yellow river) sediment to the Western Pacific Ocean[J]. Netherlands Journal of Sea Research, 1993, 31(3):243-254.